# わたしたちの親不孝介護

「親孝行の呪い」から自由になろう

日経BP

# はじめに　〜「親不孝介護」とは何なのか

すごいタイトルだな、と思って本書を手に取ってくださった方、あなたの勇気に敬意を表します。

あ、続編だ、と思って開いてくださった方、『親不孝介護』はお役に立ちましたでしょうか。引き続き見てくださってありがとうございます。

この本は前書同様、すこし変わった介護本です。

世の中には介護のハウツー、チェックリスト的な本はたくさんありますが、あなたが手にしているこの本は、「介護」という、おそらく初体験の行為に入る前のマインドセットに焦点を当てています。

すぐに役立つハウツー本が欲しかった？　はい、ごもっともです。ですが、道具だって使い方を間違えれば自分自身を傷つけてしまうように、「介護についての考え方」をきちんと押さえておかないと、真面目な人、親を愛して止まない人ほど、親を、そして自分を傷つけてしまいます。日本の企業を悩ませている介護離職の続出も、先にハウツーから入ることが大きな原因です。これは本書を読めば納得していただけると思います。そして、この本は「介護をする人のマインドセット」をきっちり紹介する、世にも珍しい本なのです。

## 子どもが親を嫌いにならないために

マインドセットのための本として2022年の10月に『親不孝介護　距離を取るからうまくいく』を上梓し、息長く売れ続けて版を重ね、こうして続編を出せるに至ったこと、本当に皆様に感謝しております。また同時に、親の介護に悩む方が多いことを改めて痛感しています。

親の介護を始めた子どもが悩むのは

「介護で親孝行したいのに、親に対してイライラしてしまう。だんだん怒りや憎しみの気持ちさえ湧いてくる。それがつらいし、自分自身が嫌になる」

ことだと思います。前書で恥ずかしながらさらした自分の経験がまさにこれでした。

自分を育ててくれて、そして今、老いて困っている親の面倒を、今度は自分が見てあげたい。それは人間としてとても自然な気持ちです。

子どもにとって、自ら親に寄り添い、介護することこそ、究極の親孝行。そんなイメージかもしれません。

## 「介護＝親のそばにいる＝親孝行」

この式になんの疑問も抱かない方は多いと思います。

「親不孝介護」は、この〝常識〟こそが、子どもにとって親の介護をつらく苦しくする原因だ、と考えます。

親との間に適切な距離を取って介護にあたる。自分だけの手を動かすのではなく、極力、第三者＝公的支援、すなわちケアマネジャーやヘルパーさんの力を借りる。これによって、親の介護は肉体的にも精神的にも、ものすごく負荷が下がります。

「だけど、介護は自分の家の問題だから……」

「他人に親の世話をさせたら、『親不孝』って思われるんじゃないかな？」

分かります。真面目に生きてきた方ほどそう思うはずです。自分はそれほど真面目なほうではありませんが、「まず、自分の力でできるところまでやってから公の力を借りるのが人として正しいのでは」くらいは考えたし、悩みました。

でも「まず自分で親の世話をやってみる」ところから、（あえて言いますが）悪いスパイラルは始まります。

介護は自分の、あるいは家の問題ではなく、社会の課題です。言い換えると、個人の努力でなんとかなるほど甘いものではありません。そして、公的支援につながるタイミングが早ければ早いほど、親も自分も負荷が減り、そして公のコストも小さくできます。何より40歳を過ぎたあなたは、すでに介護保険料を支払っています。支払ったお金を正当な事由で受け取り、本来の目的である介護サービスに回すだけ。誰にも後ろめたく思うことはありません。

## 「親孝行の呪い」を断ち切ろう

周りの目。これは環境によってはまだまだつらいこともあるかもしれません。

実際、書籍の『親不孝介護』が注目され、共著者の川内潤さん（NPO法人となりのかいご代表）がメディアに呼ばれることが増えて実感したのですが、テレビ番組では今のところ「親不孝介護」という単語は口に出させてもらえないのです。「説明すれば分かっていただけるのですが、単語だけ聞くと、不謹慎だとお怒りになる方がいるかもしれないので」と、収録の直前に削除されたこともあります。

日本の社会ではそのくらい「親不孝」という言葉に忌避感があるのだなと思いました。

もっとも、親不孝が介護とくっついて「親不孝介護」という言葉になると、なんだか、親を虐待するような雰囲気が醸し出されてしまうことも否めません。大急ぎで言いますが、そんな内容はまったく含まれておりません。当たり前ですが。

介護以外のことならば、親のそばにいることは確かに「親孝行」でしょう。

ただ、介護に限っては、親と距離を取るほうが本当の「親孝行」です。

人の世話を受けないと生活できない親と距離を取れ、と言われたら、日本社会の常識では「そんな親不孝な」と思うでしょう。あなたもわたしも、日本人ならばたいてい「近くにいるのが親孝行」という、いわば「呪い」にかかっている。だからつい、介護するなら親のそばに居ようかな、とあなたも思ってしまうはずです。その気持ちを乗り越えて距離を取るには、強い言葉が必要です。

距離を取って、親の世話を他人に任せる。他人から親不孝に見えようともそれが正しい。そう常に自分に言い聞かせるために、あえて「親不孝介護」という言葉を作った次第です。

## たくさんの方のエピソードから照らし出す

前書では、私（編集Y）の5年間の「親不孝介護」、すなわち、新潟で単身で暮らす私の母親が、介護が必要な状況になり、東京に家族と住む私がどうやって面倒を見たかの赤裸々な実話と、介護のプロ、川内さんがその状況をどう見るか、学ぶべきポイントはどこか、を振り返りました。

「よくまあここまでバカ正直に出しましたね」とあとからいろいろな方に言われるくらい、親の遠隔介護への戸惑い、悩み、親への感情を素直に書き、川内さんからは「絶好のケーススタディでした（笑）」と褒めていただいたのですが、やはり「他の方はどうなんだろう」と、自分でも思います。

そこで、「親不孝介護」の提唱者である川内さんに、介護を体験された方、これからされそうな方と対談をしていただき、「介護で親孝行をするなら、親と距離を取るほうがいい」という考え方について、いわば検証を試みたのが本書です。

それぞれの方の体験はそれぞれに興味深く、また、「親不孝介護」の考え方と照らし合わせることで、より多面的に「介護」を理解する手掛かりをたくさんいただけました。前書をお読みの方にも、また、初めて「親不孝介護」に触れる方にとっても、きっと読みやすく、かつお役に立つと思います。

対話の中には、繰り返し出てくる「介護」に対する考え方、受け止め方があります。私も通読して初めて気がつきましたが、ある話者が投げかけた問いに、別の話者が違う話題を通して回答を出していることが多々ありました。全く違う経験を経たはずの皆さんが、同じ問題意識を持つようになり、そしてそれぞれの方が自分なりの腹落ちする答えに近づいていくのです。

最初は私のように「えっ」と思っても、答えを急がず、のんびり読み進めてください。

## 「親不孝介護」の考え方をまとめておきます

最後に、前書でご紹介した「親不孝介護」のキーフレーズを並べておきます。

親の介護を「いずれやらねばならない。でも考えたくない」と考えている方の不安を減らし、いま介護に携わっている方の「どうしてこんなにつらいのだろう」という状況を改善するために、必ず役に立つと思います。

(※個別の内容についての詳しい説明は、『親不孝介護　距離を取るからうまくいく』をご参照ください)


**1・親が元気なうちにやっておくこと**（前書53ページ）
・「介護は治療ではなく、撤退戦」という意識を持つ
・「堂々と公的支援を受ける」と、ハラを据える
・親を担当する「地域包括支援センター（包括）」を探し、相談しておく（本書157ページ

も参考に）

**2・親の介護に入る前に知っておくこと**（前書96ページ）

・「老いた親を見ればイラつくのは当たり前」と知っておく

・近くにいることは「親孝行」の必要条件ではない

・「親孝行」が「呪い」にもなることを意識する

**3・介護保険の申請前に意識しておくこと**（前書144ページ）

・「代行」を活用して、仕事を休まずに介護保険を申請

・介護保険の「認定調査」のときだけはできるかぎり立ち会おう

・自分は親の介護の「経営者」だ、と自覚しよう

**4・介護が始まる前に誓っておくこと**（前書184ページ）

・「理想の生活態度」を親に押し付けない

・予想外の連続が介護。完全、完璧を求めない

・トラブルは起きるときは起きる、と、大きく構える

**5・親の施設入居を決める際に心得ておくこと**（前書232ページ）

・介護の制度を完璧に理解する必要なし。ケアマネの知恵を借りよう
・親が入る施設を探すために最も重要なのは「時間」。予算ではない
・親への罪悪感から高い施設を選んではいけない。値段と品質は比例しない

**6・親が施設に入ったら肝に銘じること**（前書266ページ）

・介護のサービスと、ホテルの〝おもてなし〟は違う
・「つらければ会いに行かない」ほうが実は親にも優しい
・「人はいずれ死ぬ」という事実から逃げない覚悟を持つ

**7・「親の介護」を機会に考えてみること**（前書292ページ）

・介護が苦しく感じたら「成果主義で考えていないか」と疑う
・自分を支配している価値観はどこから来たのかを探る
・自分なりの「自己覚知」にトライしてみる

**9・親と同居している場合に取るべき態度**（前書335ページ）

・親と距離を取ることに「罪悪感」を持つ必要はない
・親に「困ってもらう」ことを恐れてはならない
・親と自分は別の「個人」だと認識する

**（※8は省略させていただきます）**

従来の「親孝行」な介護とは逆の考え方が多いので、これだけ読んでもすっとのみ込みにくいところもあると思います。そういう方こそ本書を、よろしければ前書も、ぜひお読みください。あなたの介護がきっと楽になります。「親不孝介護」の体験者として、それだけは確信を持って、この本をお渡しいたします。

編集Y（山中　浩之）

※本書に登場する皆様の役職、お仕事などは取材時のものです。敬称は一部略させていただきました。

目次

「お母様の呼吸が落ちていく中で
太田さんのiPodから流れる
『愛の讃歌』を一緒に聞いて……」（川内）
「ああ、こんなふうにきれいに
死んでいくんだなと
思いました。見事だと」（太田光さん）

# 息子は「バラ色の人生」で母親を見送った

芸人
## 爆笑問題・太田 光さん

おおた・ひかり　1965年5月13日生まれ。85年日本大学芸術学部演劇科で田中裕二氏と知り合い、88年にコンビ「爆笑問題」を結成。97年刊行の『爆笑問題の日本言論』は50万部超えのヒットに。お笑い、コメンテーター、そしてエッセイスト、作家としても活躍中。近著に小説『笑って人類！』（幻冬舎）。

ラジオ番組「火曜ＪＵＮＫ 爆笑問題カーボーイ」（ＴＢＳラジオ）で、太田光さんは自分の母親を看取ったときの思い出を話していました。「商売柄、イヤというほど人の旅立ちを見送ってきた」という川内潤（ＮＰＯ法人となりのかいご代表）さんは「これを聞いて、泣けて泣けて、そして、こんな別れもあるんだということを、ずっと心の支えにしてきた」そうです。

太田さんにダメ元で「このときのお話を聞きたい」とお願いしたところ、快諾してくださり、今回の対談となりました。（司会・構成 編集Ｙ・以下同）

●

――お忙しいところありがとうございます。

**太田 光さん（以下、太田）**：いえいえ、とんでもないです。

**川内 潤（以下、川内）**：……（固まっている）あ、すみません、ごめんなさい。完全に緊張してしまって、申し訳ない。

2016年11月の「ＪＵＮＫ」で、お母様の最期に立ち会われたお話をリアルに話されていましたよね。病院のお部屋で、越路吹雪さんの「バラ色の人生」を、太田さんと一緒に聴きながらお母様は逝かれたという。私は……ごめんなさい、それまでの太田さんのイメージが変わったんです。「ああ、太田さんは、そういうふうにお母様とのお別れをされる方なんだ」という驚きがありました。

**太田**：いえいえ。

**川内**：お母様が越路吹雪さんが好きだというのは、入院される前からご存じだったんですか。

**太田**：知ってましたよ。越路さんのコンサート行きたい、行きたい、と、俺が子どもの頃からずっと言ってた。だけど、チケットが取れなかったんですね、ファンがものすごく多くて、もうプレミアチケットだったから。

**川内**：それで太田さん自身も越路さんの歌を、自分のｉＰｏｄに入れていたんですよね。

**太田**：入っていた。

**川内**：ご自身も聴いていた？

**太田**：聴いていましたね。

**川内**：それはやっぱりお母様の影響があって。

**太田**：そうですね。当時はスピーカーで、みんなレコードで聴いていたから、おふくろが聴いているときに一緒に聴いていて。それで、自分でも好きになって、という感じですかね。

**川内**：そうだったんですね。あのときのラジオで太田さんが話の流れで、先にお父様が亡くなったときと、今回、お母様が亡くなったときでは全然違うとおっしゃっていたんですけど、改めて、何が違いましたか。

**太田**：うーん、まあ、でも関係が違いますよね、やっぱり父親と母親ではね。俺はおやじとはほとんど口もきかなかったしね。

**川内：**そうなんですね。

**太田：**おやじは社交的だったんだけど、俺はおやじがちょっと、何ていうのかな。照れくさいというか、しゃべるのがね。晩年おやじが入院してからぽつぽつしゃべったりしたけど。俺は一人っ子だったんだよね。だから母親とは、子どもの頃はよく一緒にお芝居を見に行きました。

**川内：**お芝居ですか、何歳くらいのときですか？

**太田：**小学校低学年くらいですかね。うちの母親は芝居が好きで、自分も女優を目指していたぐらいだったので、連れていかれて。地域で集まって芝居を見に行く集まりの幹事役もやっていたかな。

**川内：**お母様は活動的で、お勤め先の広報誌で面白いことを書かれたりされて。

**太田：**そうそう。おやじと結婚する前に国分（食品・酒卸）さんに勤めていて、その社内広報誌の記事ね。あれはいつごろ見つかったのかな、母親が死んだ後、番組の企画で見つかったのか。毎回持ち回りでその部署の社員を紹介するコーナーがあって、一人ひとり、部長の誰々さんはお酒が好きで、って、その人の特徴を面白おかしく書いているんだけど、よく読むとみんなそれぞれ「実は愛妻家で」とか、さりげなく褒めてる。でも母親のところは「この人は会社に来ても何もやらずにどうのこうの」と書いてあって、何でおふくろだけこんな、けなすような感じなのかなと思っていたんだけど、最後に「これを書いている私の正体は明かさないでおきましょう」と書いてあって、「あ、これ、おふくろが書いたんだ」という。

**川内：**さっき歌の話もあったんですけど、太田さん自身の性格とか、ものの見方とかに、ご両親から受け継いでいるなと感じるところはありますか？

**太田：**そうね、いろいろなところがありますね。

## 対照的だった父と母

**太田：**さっきの社内報の、ちょっと毒舌というか、何ていうのかな。クールというか、冷めているというかね。うちの母親はそういう人だったんですよ。おやじは逆にもう怖がりというか、甘えっ子というか。だんだん年を取ってあちこち痛くなったりするじゃないですか。そのたびに大騒ぎしてすぐ病院だ何だって、薬もいっぱい飲んで、「俺はもうだめだ」とかいうね。

俺らが仕事を始めてからも、実家に帰るたびに、「光、俺はもう死ぬから」って、そんなことばっかり言っているおやじでね。おふくろはそれを聞きながら、「何言ってるの、死ぬ人はそんなに薬、飲まないでしょう」と。

とにかくおおげさで、「俺はもう生きる希望も何もないから自殺する」とか言うんだけど、おふくろが、「一日中、ソファで寝転がっている人がどうやって自殺するの、一人で立てもしないじゃない」と言うわけですよ。おやじもムキになって「誰かに手伝ってもらって首を吊る」と言い返すと、「それはさ、自殺じゃないのよ、殺人よ」って。

**川内**：やりとりがもうコント。そんなお母様は、病院に行かなかった人なんですよね。

**太田**：おふくろはもう本当に強くてね。病院に行ったのを1回も見たことがないですね。熱が出ようが、何をしようが、自分で治すというか、「熱い風呂に入れば治る」という人でしたね。

**川内**：太田さんも熱いお風呂に入るじゃないですか。

**太田**：そうそう、だからその影響が大きいんですよ。俺もそういうタイプで、病院嫌いで。熱が出ても熱い風呂に入って汗を出せば治るというタイプなんですよ。

**川内**：でも、注射は嫌いだとか。

**太田**：注射は苦手。だけど最近は病院に行く回数は増えましたけどね。カミさん（所属事務所タイタンの太田光代社長）が「定期健診は必ず行かなきゃだめだ」と言うから。

**川内**：そこは従うんですね。

**太田**：うん、そして病院で大騒ぎしたりするのは、おやじ譲りですね。

**川内**：そうでしたか（笑）。お母様との最期のときのお話はラジオでされていましたが、お父様のときはどんなだったのでしょうか。

**太田：**うん。俺が本当に家に帰らなかったから、おやじが倒れてからもずっとおふくろが面倒をみていたんです。いってみれば老老介護ですよね。よくやっていたなと思うし、俺も何もしなかったから親不孝なんだけど。本当にもう起きられないわけですね、おやじは。おふくろが全部たぶん、トイレとかもやっていたんでしょう。

**川内：**お父様はどうして倒れられたんですか。

**太田：**くも膜下出血だったかな。それが正月だったんですよ。そこから2年ぐらいずっと入院していたかな。埼玉の病院にいて、ただもう心筋梗塞と脳梗塞、どっちもやっていたので、体の片側がほとんどまひして、でも一応「光だよ」とか話し掛けると、「うーっ」とかって、分かっているんだか、分かってないんだかという感じで反応はする。

休みとか時間が空くと病院に行って、おやじとちょっと、まあ、会話にもならないんだけど、話し掛けたりとかしながらやっていて、たまたま俺が東京を離れているときに亡くなったんですよ。だからおやじの死に目には会えてないんです。もういずれ、この状態ではというのはありましたけど。ただ、今って、病院に入っちゃうとこれが延命できちゃうからね。

**川内：**やろうと思えば。そうなんですよね。でもされなかった？

**太田：**うん。

**川内：**お母様の最期のときに、太田さんは、延命措置か、お母様が楽になるための薬かを医師から提示されて、薬を選択されたじゃないですか。あれは、どうなんでしょう。戸惑いとか、「いや、まだ逝ってほしくない」とか、そんな気持ちはありませんでしたか。

## 母は次の日にコーラスに出るつもりだった

**太田：**いや、それはもちろんありましたよ。だってうちの母親は本当にその前日まで、老人ホームでぴんぴんしていたので。コーラスの発表会に出るのをすごく楽しみにしてましたから。だけど体調を崩して出られなくなって、すねて、一人でタンスを整理しようとしていたら、その最中に尻餅をついてしまって、それがきっかけで。

**川内：**そうでした。太田さんも「まさか」と思われたと思うんですが。

**太田：**そうですね、でもそれまでにも、ちょっと転んだだけで肺炎になっちゃったりとか、危篤状態になったりもあったので、このときはもう何回目かだったんだよね。

「呼吸するのが難しくなっているので、人工呼吸器を付けますか」とお医者さんから言われて、「ただし、それをやってもこのお年だと、命はつなげるけどもう外すこともないし、おそらく意識も戻りません。あんまりお勧めはしません」ということだったので。

**川内：**お医者さんがそう言ってくれたんですね。

**太田**：うん。俺もそれは分かっていたから、楽にしてあげてください、という感じでしたね。おふくろは意識をなくす前に本当にぎりぎり間に合って、会話も多少できたのでね。まあ、しょうがないか、という感じでしたね。

**川内**：呼吸が止まる直前で、そうだ、お母様が好きだった歌を聴かせよう、という発想というのが、どうして生まれてきたんでしょうか。

**太田**：心拍数とかをとる機械がベッドの横に置いてあるじゃないですか。「これがあと1時間ほどで、だんだん緩くなってきますので」とお医者さんに言われて、一応耳元でおふくろに話し掛けてはみるんだけど、最期まで耳は聞こえていると聞いたから。

**川内**：そうなんです。ご存じだったんですね。

**太田**：うん、だから一応「頑張ったね」とか何か言っていたんだけど、ふと、「あ、越路吹雪」って。実は、おやじが入院してもうほとんど会話も成立してないときに、おやじは落語が好きだったので、俺はｉＰｏｄに志ん生を入れていたんですよ。五代目古今亭志ん生。自分で聴く用だったんだけど、おやじにも聴かせようかと、ちょっとこう耳に入れたりして、まあ、聞こえているのかどうだか分からなかったけど。

そうだ、おふくろなら越路吹雪だ、あったかなと思ってｉＰｏｄを探したらたまたま入っていたので。それで聴かせた、という感じでしたね。

**川内**：お母様にも聴いていただいているんだけれども、ご自身も、イヤホンの片側を使って。
**太田**：うん、自分も聴いていましたね。
**川内**：聴いたんですよね。それが私は、ごめんなさい、いい言葉を知らなくてありきたりで申し訳ないんですけど、とても美しい姿なんじゃないかなと。
**太田**：まあね。だからそれは死ぬだろうと分かっていたからね。最期、ちょっと一緒に聴こうか、という感じですよね。
**川内**：なるほど。それはもしかして、昔、一緒に演劇を見に行っていたときのような感覚で。
**太田**：まあね、どうかね（笑）。

## 「とにかく死なせないでほしい」

**川内**：私は、働きながら家族の介護をされている方の相談を受けるのが今の主な仕事なんですけど、そのときにとても感情的になってしまって「とにかく生かしておいてくれ」となったり、いいお別れができなかったりする方が残念ながらかなりいらっしゃいます。
**太田**：まあ、難しいところですよね、それはね。それは本当に人によると思います。
**川内**：なぜこういう、ご自身が納得できるお別れができたのか、ご自分ではどう思われますか。

**太田：**うちの場合は、おふくろはそういう、ただ生きているだけになるような延命措置は望まない人だというのは分かっていたし、本人も、これで別れになると分かっていたふしがあるんです。俺が病院に駆けつけたときに、ごめんね、また転んじゃった。これまでお世話になりました、みたいなことを言っていた。

**川内：**そういうことをおっしゃったんですか。

**太田：**うん、そうそう。

**川内：**そうですか。太田さんはそれを聞いて。

**太田：**母親らしいなとは思いましたね。

**川内：**そうご本人がおっしゃっても、家族の側は、「お母さん、そんな弱気なこと言うんじゃないわよ」と言ったりとかしがちなんです。もちろん、本当にそうお思いなんでしょうけれど、「看取られる本人が望むこと」よりも「とにかく死ぬことは良くない、避けねばいけない」という、ある意味、世間というか、健康なときの常識に縛られているようにも思えるんです。

**太田：**まあ、それはあるでしょうね。だってさ、まだ親の死に直面したことがこれまでない人もいるわけだから。

**川内：**分からないから「常識」に頼ってしまうわけですね。

**太田：**それまでは考えたことがないから、とにかく死なせないでください、となるのかもしれない。

**川内：**確かに、お別れの形は人それぞれで、太田さんとお母様みたいな距離感があって、その上でいろいろなことを選べたらそれはいいと思うんです。けれど、そうじゃなくて、とにかく一直線に、「相手のため」と言いながらも完全に自分のためにやっちゃっている状態に入っていく感じの人が多くて。

## 分からない、考えない、それで世間の常識に従ってしまう

――川内さんのスイッチが入っちゃいましたが、これは、看取りだけではなくて、介護も同じですよね。

**川内：**はい、未体験なところに突っ込むという意味で、介護と同じ話です。分からないから本人のためにどうしたらいいのか自分の頭で考える、ではなくて、「世間ではこうしている、こうするのが親孝行だ」という、あまり意味がないように思える常識に縛られて、とにかく延命、とにかく自分の手で介護、と、突っ走ってしまう。

ですので、太田さんのようにお母様がお好きな音楽を一緒に聴いて最期の時間を過ごせるような人が増えていくほうが、健全だし、親も子どもも幸せなんじゃないかな、と。

**太田**：それは本当に、つまり、これはなかなか言いにくいけど、人の生き死に、もしかすると介護もそうなのかもしれないけど、それに関することについては、「考えてはいけない、とにかく死なせない」という雰囲気があるよね。

**川内**：分かります。すごくあると思います。

**太田**：「とにかく死なせない」という人もいていいんだけど、「死なせない以外は許さない、考えることも許さない」というのはまずいし、厄介だなと思うんだよね。まあ、直面したことがないと分からないもんなんだろうけれど。

**川内**：いや、直面しても分からない、考えようとしない気がします。

――川内さん、どうどう（笑）。

**川内**：介護の仕事でたくさんの方とお会いしますが、「母親はいま満足しているだろうし、自分も納得している」と、ご自身で思える方は意外に少ないんです。この納得感がないと、介護も看取りもかなりつらいと思うんです。

**太田**：望みも人それぞれだし、普段「うちの親は」って考えることもなかなかないだろうし、その場にならないと分からないよね。

**川内**：介護の相談でよく言われるのは、「ほかの人ってどうされているんですか」なんですよ。

**太田**：ああ、そうなのね。

**川内**：そしてこれも介護を通して知ったんですが、本当に、人によってやりたいこと、望みは違うんです。なので、ほかの人の話はどうでもいいんです。
**太田**：本当、そうだよね。それで聞かれたらどうするんですか。
**川内**：そう聞かれたら、さっき太田さんに聞いたみたいに、「どういうお父様、お母様なんですか」「ご自身とお父様、お母様はどんな関係なんですか」と、改めて尋ねて、ああ、そういう親子関係だったんだ、と、改めてなんというか、ご本人にインストールしていくわけです。
**太田**：そうだね、親子関係だってみんな違うから、そこから照らし合わせて考えないとね。

## 「最期に音楽なんて聴きたくない」人もいる

**川内**：面白いのは……いや、そういったら不謹慎なんですが、興味深いのは、介護が始まるとなると、今まで年に1回も会ってなかった親を、ここぞとばかりに旅行に連れていこうとされたりするんです。
**太田**：ああ、そうか。
**川内**：でも、大人になってから一緒に旅行したことがない。だからどこに連れていったらいいか分からないわけです。そもそも、親御さんは旅行に行きたいのか、しんどいだけかもしれない。家でのんびりしていたいかもしれない。何が言いたいかというと、介護では親がしたいことよりも、子どもの側が「(自分が)親孝行をしたい」という気持ちを優先してしまう。これは本当によくあるんです。

**太田**：親の面倒をちゃんと見ている、という、形を求めてね。

**川内**：そうです。だから、「太田さんがお母さんを一緒に越路吹雪を聴きながら看取った」というお話は、私は自分の心の支えにしているくらい美しい、と思っているんですけれど、だからといって……例えば、歌が嫌いな人もいるわけじゃないですか。

**太田**：そうなんですよ(笑)。「やかましい、静かに旅立たせろ」という人も絶対いるよね。

**川内**：素晴らしいお話だと思うけれど、じゃあみんながみんな自分の親と、好きな歌を聴きながらお別れするのがいいかといえば、まったくそんなことはない。

**太田**：もちろんそうだよね。

**川内**：だけど、どうかすると「そうか、これが『美しい形』なんだ、自分もそれでいこう」と、自分で考えずに結果だけのみ込んでしまいがちじゃないかな、とも思うんです。

―― 自分の頭で考える時間を取るためにも、親との間には距離が必要、というのが、「親不孝介護」考え方の通奏低音でもあります。

**川内**：そうそう。「親のそばにいて面倒を見るのが親孝行」という〝常識〟に屈して、親がほ

太田 光さん（左）　写真：大槻純一（15、16ページも）

んとうに望んでいることや、自分の家族、仕事を犠牲にしてしまう人があまりに多いです。

**太田：** なるほどね。ただ、親のほうが子どもに任せてくることもあるよね。本人の意向として、自分の人生は、残される側のいいようにしてもらおう、という。

うちのおふくろもそこは潔かったですよ。もうどうとでもしてくださいと。おふくろは、おやじが死んだ後も、埼玉の実家に住んでいたかったとは思います、おそらくね。だけど、そこじゃ俺も行けないし何かと不便だからということで、（太田さんの所属事務所の）近くの老人ホームに入ってもらったんですけど、何の文句も言わなかったし、あとは全部、あなたたちの好きなようにやりなさい、という人だったから。

**川内：** ああ、もちろんそうですね。親御さんとご自身で考えて、納得してやられているのであれば、それもいいと思います。一方で、例えば親戚のおじさんから「俺の妹を施設に入れるとか、そんなみじめな思いをさせるんじゃない」みたいに、変な圧がかかったりすることもあるんですよね。当事者の意思とは関係なく。

**太田**：そうだろうね、そういうのはうるさいよね。親戚が一番厄介なんだよね。

**川内**：相談を受けたら「いや、そこは別に従う必要もないし、そんなの右から左に流していいですよ。だって関係ないですから」と言うんです。言うまでもない話だと思うんですが、誰かが「聞かなくていい」と言ってあげる必要があるくらい、周囲のプレッシャーは大きいんです。

## 介護は誰のためなのか

**太田**：これはでも、それこそ（安倍晋三元総理の）国葬、やっていたじゃないですか。

**川内**：はい、昨日（2022年9月27日）でした。

**太田**：あれはまさにそうじゃないですか。遺族の気持ちとか、あるいは本人がどうしたいということとは、社会的な立場があるとかけ離れちゃうわけですよね。俺の場合はカミさんが全部仕切ってくれて、おやじの葬式も、おふくろの葬式も出したけど、俺としてはやっぱりそんな派手にやりたくはなかったですよ。だけど、おやじは会社を経営していたわけですね。そうするとそういう人たちから「そんな小さいところじゃ困るよ」とか、わーっと来るわけです。俺の父親のレベルでも葬儀ってすごく政治的なものになるんだな、という印象があって。でも、ある程度はしょうがないんだよなって思うんだよね。葬式は生きている側の理屈なんですよ。

**川内**：そうですね。葬儀は確かに世間体が強く支配しますね。

**太田**：でも、介護とか、生き死にの問題はまた別だね。

**川内**：そう。介護って、普段は優秀なビジネスパーソンが、いきなり世間体や体面に全部縛られていく感じがあるんです。「親は自分が介護しなきゃだめなんだ」と、会社を辞めて介護士の資格を取ろうとしたりする。親は子どもから大変なリハビリを「母さんのためだから」と強制されて、つらいけどそれを口に出せない、なんてことが起きます。

**太田**：それで本人たちが苦しんでいたら、それはかわいそうだよね。

**川内**：本当にその通りです。受ける側もやる側も両方、「こんなことやりたくないわよ」とか言っているところに、私が相談を受けて「まあまあ」と止めるわけです。でも私、何を止めているんだろうと思うわけですよ（笑）。

**太田**：どっちも善意なのにね。でもそれってさ、やっぱりそんなにきれいに考えられる人って珍しいんじゃないですか。結局、人間って「ここでもめるんだよ」というところで必ずもめるでしょう、人間はなかなかドラマのようにはいかないよね。

さっきの旅行の話で思い出したんだけど、俺もそういうのをやっちゃったことがあるんだよね。うちのカミさんが、施設に入ったおふくろを気遣ってくれて「1回ぐらいおいしいものでも食べに行こうよ」と言ってくれたわけ。

それでおふくろに言ったら、「いいよ、別にそんな」って。まあ、活発な人だったんだけど、もうどこかに行くのはおっくうだからというのもあって。でも、1回ぐらいこっちも思い出づくりみたいなのもあるしね。それは確かにこっちの勝手な都合でもあるんだけど。

それで「寿司でも」ということになって、銀座のお店に予約して、施設からタクシーで行って食事して、おいしかったねと帰りのタクシーに乗ったんですけど、帰りがすごい渋滞したんですよ。

## もうすこし言っておけば防げただろうか？

**太田**：それで途中でトイレに行きたくなっちゃったの、うちのおふくろが。どうにもならなくて。カミさんが運転手さんにどこかに止めてくださいと言うんだけど、「いやいや、首都高だから無理ですよ」と言うわけ。結局おふくろは、ものすごく我慢してついにホームまで帰り着きました。

だからそのときに、ああ、こっちの勝手な思い出づくりで連れ出して悪かったなとは思ったね。つらい思いをさせてしまったなと。うちのカミさんにもつらい思いをさせちゃったしね。

**川内：**そう太田さんは思われたということなんですけど、お母様はお寿司、好きなんですか？

**太田：**別に大好物というわけじゃないんだけど、ちょっと豪華にという気持ちだったんだけど。

**川内：**その日はよく召し上がられていました？

**太田：**食べていましたね。だからお寿司屋さんまではよかったんですよね（笑）。その先まで頭が回らなかったですね。

**川内：**でもお母様としては、間違いなくうれしかったですよね。

**太田：**そういえば、おふくろの最期の日もね……。おふくろは施設でやっているコーラスの発表会に出たくて、でも前の日に熱を出して。ホームの人もよく面倒を見てくれたんですけど、やっぱり行けないのですごく機嫌が悪かったんですよ。それでまたよせばいいのに、「出られないから部屋を片付けてる」と言うから、さっきも言ったけど、転んで調子が悪くなることがあったんでね、「片付けとかやるなよ、何かあったらナースコールでお願いするんだよ」と言っておいたんだけど、もう、そういうのは聞かない人でしたし。

それで、洋服の整理をしたらしいんだよね。そうしたらそこで尻餅ついて、そこからもう一気に弱って、その日の夜でしたから、亡くなったのが。だから、うーん、まあね。それはもっと何ていうのかな。もうちょっと強く言っておけばとかは思ったけど、まあ、でもしょうがないよね、そういう性格だからね。

**川内**：太田さん、もうちょっと強く言っておけばよかったなとおっしゃいましたけど、もうちょっと強く言ったら変わりましたかね。

**太田**：いや、あんまり変わらないと思うけど。そうなんだよね。

## 炎上とは失うことへの恐怖かもしれない

**川内**：太田さんは著書『芸人人語』（朝日新聞出版）で、「私の飯の種は、自分も含めた『人の失敗』だ」と書かれています。そして失敗が生み出す笑いは、世間一般の「常識とのズレから生じるもの」ですよね。

**太田**：そんなことも書きましたかね。

**川内**：「親不孝介護」という言葉も、ある種、自分がやってきたことと常識とのズレを表したタイトルだと思うんです。ただ、人と違うことをすると、時に炎上してしまうこともあったり。

**太田**：俺、もう炎上中ですよ。目下炎上中（笑）。

**川内**：怖さもあるんじゃないかと思うんですけど、どうですか。

**太田**：それはね。後からわーっと来たときに、恐ろしさは感じることはある。ただ、発言するときに、俺、別に本当にひねくれたことを言っているつもりはないんですよ。

**川内**：そうなんですね、おこがましいですが私も全部本音なんですよね。だから疑問を持たずに言ってしまう。

**太田**：そうなんですよ。「みんな共感してくれるだろう」と思って言っているから、止められないんだよね。

**川内**：炎上するなんて思ってもいない。

**太田**：もうそれはどうにもできないよね。

**川内**：でも炎上するということは、「太田さんの発言に共感するのが怖い」という気持ちもあるんじゃないかと思うんです。納得したら、自分が頼ってきたものに頼れなくなる、というか。

――頼ってきたものに頼れなくなる恐怖感。「親が老いていくことへの恐怖」と似てますね。

**川内**：親という「いつでも帰れる場所」がなくなってほしくない、だから親の老いを認められなくて、介護の対応を先送りにしたり、あるいは、過剰に手を出してしまう、という。

**太田**：失うことへの恐怖感ね。川内さんは現場をご存じだからお分かりと思いますけれど、日本の医療や介護のレベルは、ちょっとここまでやるのというくらい高いですよね。

**川内**：その気になれば、命をつなぐことだけならかなりやれるでしょうね。

**太田：**高いレベルの医療があって、「救おうと思えば救える命をどうして救わないんだ」と言われたら、誰も言い返せないじゃないですか。だから、医療や介護の基本的な考え方が「誰も死なせない」ということになるんだと思うんだよね。それはそれですごく正しいんだけど。

**川内：**「死について考えない、考えることすら許さない」空気も生みますよね。「どうやったらこの人は幸せに死んでいけるのか」とか、「こう生きて、こう死ねたら幸せだ」と考えたことがないから、とにかく死にたくない。死なせたくないと。

**太田：**そうですね。新型コロナウイルス禍で、みんなちょっと考えるようになったのかもしれないですけどね。親の介護もそういうことなんだろうね。

## 指示待ちは、優しさの表れでもあるんじゃないか？

**太田：**日本の医療や介護がよくできている分、死ぬこと、生きることについて考えることを手放している。そういうのはいっぱいあると思いますよ。自分らしい生き方であるとか、そういうことを。本当にそうですよ。指示待ちなんですよ、みんな。上から指示を待つ、自分では決められないという。それはでも、俺はそこがまた日本人の良さでもあると思っているんですよ。怖さでもあるんだけど、優しさでもあるんだよね。

**川内**：優しさですか。

**太田**：うん。要は何ていうのかな。強権的になろうとしないというか。

**川内**：一人ひとりが「自分のため」ということを押し出さない。

**太田**：いい例がマスクだよね。「距離が確保できて、高齢者や病人がいなければもう必要ない」と、厚生労働省がアピールしても、日本人がいまだにこれだけマスクをしているのは、自分のためじゃないんですよね。人にうつしちゃいけないという、それは、いってみれば一つの優しさだと俺は思う、日本人的だけどね、すごく。だから迷惑を掛けるのが一番嫌なんだよね。それは同時に後ろ指さされるのが嫌だということとつながっているんだけど、優しさとそういう世間体みたいなことが重なっちゃってる。

**川内**：なるほど。そういう気質な我々が、人によって本来は千差万別な介護の状況に放り込まれても、「とにかく、人に迷惑を掛けたくない、後ろ指をさされたくない」と思うから。

**太田**：思うから川内さんに「教えてください」というわけだよね。

**川内**：そうなんですね。でも答えはそれぞれの家族の中にしかないんです、介護って。

**太田**：うん、本当にそう思いますよ。俺のおふくろとの関係を別の人がなぞっても全然意味がない。

**川内**：はい、だから私は「他の人から見たら親不孝でも、本人と親が幸せになれるならいいんじゃない？　いくら親孝行でも、やってる人が不幸だったら意味ないでしょう」と言いたかったんです。だけど「これが親孝行なんだ」と思って、自力の介護を始めた人を、そこから引き剝がすのは、ご本人が苦労していればいるほど、大変になるんですよね。

## いい感じに、前向きに、「無責任」に

**太田**：うーん、これは介護に限らず、すごく自虐的じゃないですか、日本人は。

**川内**：自己犠牲的ということですか。

**太田**：というか、日本が劣っている、そして自分はダメなヤツだ、と思っているんですよ。「外国はこんなにうまくやっているのに」とかすぐ言い出すじゃないですか。俺は「うまくいっているところもあるじゃないの」と言っちゃうんだけど、まあ納得しないよね。だからもうちょっとそこは、自分にも優しくというか。

**川内**：私も、どうかなと思うところはたくさんあるけれど、基本すごく頑張っている国だと思うんです。国もそうだし、人も、ビジネスパーソンをはじめ、みんなすごく頑張っている。だけど、そういう前向きな気持ちを、自分でうまく受け入れるのが難しい社会なんでしょうかね。

**太田**：「いや、よくやっているよ、日本は」というふうに、無責任なようだけど、そういう雰

囲気になればいいねとは思うけどね。周りの感じがね。もうちょっと無責任に。責任感も必要以上にあるんだよね、きっと。日本人ってね。

**川内：**そうなんですよ。無責任でいいと思うんですよ。特に親の介護のことなんて、なんてと言ったらびっくりされそうですけれど、本当は自分とは別の人である、親の生活のことなのに、自分の責任として過剰に抱え込んで、距離を近づけすぎて、一蓮托生《いちれんたくしょう》みたいになっていく。これはお互いにとって、とてもよろしくないです。

——難しいですね。親の近くにいるのが親孝行、という世間体があるから。

**太田：**俺、植木さんの映画が好きなんだけど。

**川内：**植木等さん。「ニッポン無責任時代」とかですか（笑）。

**太田：**高度経済成長の。あれを今、それこそ同じ内容でやっても意味はないけれど、当時だって相当な物言いだったわけでしょう。

**川内：**むしろ今より責任とか世間体とか、ずっと圧力はあったでしょうね。

**太田：**でも「もう無責任でいいんだよ」と、植木さんは言っていて。それをみんなげらげら笑って。

**川内：**そういう太田さんは「人を傷つけない笑いなんてない」「そもそも笑いなんていじめなんだ」と言っています。この言葉に私は、すごく共感があって。介護をすることが、「誰かを大事にしようという気持ち」からスタートしている時点で、ちょっと違う気がして。「自分がやりたいからやるんだよ」という、義務感、責任感からじゃない、前向きな無責任さがあったらいいんじゃないかと思うんです。

**太田**：うん。そうね。それはそうかもしれないね。

## こんなきれいな死にざまがあるのか

――「介護をやりたいからやる」というイメージは、あまりピンとこないかもしれません。

**川内**：残念なことですが、人を見送る仕事ですからそう思えるかもしれません。でも、世間の一般的な価値観はさておいて、こんな興味深い、ある意味面白い仕事はないですよ。自分の仕事の中で、利用者の方がどんどん旅立たれていく。

――言葉を選ばずに言うと、知っている人がどんどん死んでいくわけで。

**川内**：そうなんですよ。どんどん亡くなられていくわけですよ。だけど、死がこれだけ近いと、「あ、なんだ。死ぬことはそんなに怖くもなければつらくもなくて、普通の生活の中にあるものなんだな」と思うようになる。それまで自分が縛られていた、こうしなきゃ、ああせねばみたいなことがどうでも良くなって、私はすごく楽になったんです。

**太田：**ああ、そういうことなんだね。

**川内：**ご両親の死で、太田さんの中でそういう変化みたいなものってあったりしましたか。

**太田：**あるね、そうね。おふくろの最期の死にざまには、ああ、こんなふうにきれいに死んでいくんだな、とは思いましたね。見事だなと。

**川内：**そうですよね。呼吸が落ちていく中で、太田さんのｉＰｏｄから流れる「愛の讃歌」を一緒にイヤホンで聴いて。

**太田：**曲が替わって、「バラ色の人生」になって、それを聴き終わるか、終わらないかのうちにすーっと死んでいったからね。かっこいいなと思いましたね。

**川内：**ご自分もそうできるんだったらしたいですか。

**太田：**そうですね。でも、死生観というか、あまりそういうのは実はないんです。何というのかな。俺、もともとそういう死に対して恐怖心があんまりないんですよね。どうせどこかでいつか死ぬというのは、何となくもう最初から思っているから。それはおふくろの感覚に近いかもしれないね。おやじは未練たらたらで死んでいったと思うけどね。

**川内：**まだ生きたいと。

**太田：**たぶんそうだったと思うね。「俺はもうだめだ」「もう死ぬんだ」としょっちゅう騒いでいましたが、そういう、死にたいというやつに限って（笑）。

（自分の）どこかで、そんな大したもんじゃないと思っているんですよね。人間の命なんてものは。だからそんな大げさにというのはどこかにあるかもしれないね。それは実体験というより、僕が読んできた本であるとか、見てきた映画を通してだんだん思ってきたことかもしれないけど。

**川内：**太宰治（1909年6月19日〜1948年6月13日）とか。

**太田：**太宰治もそうですし、カート・ヴォネガット（1922年11月11日〜2007年4月11日、米国のSF作家）という人は、わりとそういうシニカルな考えを持っていましたね。このヴォネガットは面白い人で、長生きしたんですけど、最期、階段から落ちて死んだんだよね。

それも面白いんだけど、カート・ヴォネガットのホームページがあったんですよ。たまに見ていたんだけど、そこに「炭鉱のカナリア」の絵があって。自分でイラストも描く人なんですよ。籠の中のカナリアね。ヴォネガットはよく、SF作家は「炭鉱のカナリア」にならなきゃいけないと言っていた。

**川内：**おお。

**太田：**亡くなったときに「そういえば」と、ホームページを見たら、籠が開いていて、鳥がいないんですよ。自分の死をもって、くすっと笑わせるんだよね。

人間が生きているなんて、そんな大したもんじゃないよというのが、ヴォネガットの小説にはずっとあって、だけどそれは、たいしたもんじゃないんだから、別に、生きていたっていいじゃないの、という裏返しでもあるんだけどね。

**川内：**なるほど。でも、怖さはないですか。

**太田：**あんまりないんですよ。もう、50歳も過ぎて、あとは本当に後半だなと思っているし、別にいつどうなってもそれはしょうがない、ということですよね。

対談の場に現れた太田さんは、テレビやラジオで見せるハイテンションなボケを繰り返す「コメディアン太田光」ではなかったので、最初は少し拍子抜けでした。でも、質問の一つひとつへの鋭い返答に、「やっぱりあの太田さんだ！」と、うれしくなってしまって、質問が止まらなくなりました。

この対談で語られている太田さんの看取りを見て「それは、お金と時間に余裕がある芸能人だからできるんだろ」と思う人もいるかもしれません。でも、お金や時間がふんだんにあっても、老いや病気で変わっていく親の姿ばかりを見て、落ち込んだりイライラしたりしては、親という人そのものと向き合うことができません。

見るのがつらければ、距離を取ればいいのです。

まず、自分自身が心と体の余裕を取り戻すことを優先しましょう。

それでやっと、親が望むこと、親にとって良いことが見えてくる、そう思います。太田さんは、距離感を大切にした向き合いがあったからこそ、お母様との最期に歌を一緒に聴くという行動につながったのだと思います。何かとしんどいことが繰り返される世の中ですが、思考停止することなく、一人ひとりに向き合い考え続けていきたい、そんな勇気をいただいた対談でした。

改めて読み直すと、太田さんの話は植木等が出てくる、カート・ヴォネガットが出てくる、と、自由に飛んでいます。いろいろな見方を知ることで、社会的概念に惑わされない自分自身の見方を培うことが、介護でも大事だと思います。

だからこそ、太田さんの発言は時に炎上もするのかもしれませんね。介護でも、自分の考えを通そうとすれば、炎上する可能性はなくはないでしょう。でも、何より大事なのは、親と、自分の幸せです。であれば、自分と親のやりたいようにやるのが一番だし、家族の自然な姿だと思うのです。

「『困る前に相談を』というのは、
ビジネスパーソンには
重要な学びですね」（増谷真紀さん）

「だって、困る前のほうが
選択肢が多いですから」（川内）

# 「介護離職」を避けるために、人事担当者は何をするべき？

**株式会社ブリヂストン 人財育成部 上席主幹（取材当時）**

## 増谷真紀さん

ますたに・まき　1991年にブリヂストンに入社以来、商品開発、研究開発、品質経営に従事。2018年には女性リーダー育成支援を目的とした産学連携プロジェクトの一環でお茶の水女子大学へ出向。21年DE&I・組織開発部 部長、22年人財育成部 上席主幹（取材時）。現在はサステナブル・先端材料統括部門 事業開発管理・企画部 上席主幹。

企業にとっても、優秀な社員が介護で戦力から外れたり、離職してしまうのは大変な問題です。逆に、会社が介護をしっかりサポートしてくれれば、ロイヤルティーもぐっと高まるはず。介護の問題は、経営マターでもあるのです。川内さんが介護相談を2017年から行っている、ブリヂストン（従業員数約1万4000人）で、社員の介護問題への考え方、対応の難しさや効果について、率直なお話を伺ってきました。

●

――そもそも、川内さんはどうしてブリヂストンさんとご縁ができたんでしょうか。

**川内**：5年ほど前に、ある一般公開のセミナーでお話ししたときに、ブリヂストンから増谷さんの前任の方がいらして、その後すぐにメールが来て、「ぜひうちの会社もサポートしてもらえないか」とご相談を受けて、トライアルのセミナーと個別相談をやったんですよね。

**増谷真紀さん（以下、増谷）**：それがきっかけだったんですね。

**川内**：「とにかく仕事と介護は全然両立できるし、両立したほうが親御さんのためにもなりますよ」という、『親不孝介護』と同じことをお話ししました。

ブリヂストンさんは世界最大級の「タイヤ・ソリューションカンパニー」ですから、当然、異動があり、そうなれば親のすぐ近くにはいられなくなるかもしれない。しかも異動先は日本国内のみならず海外の場合もある。それが悩みになっている方がやはりいらして。

セミナーのあと個別相談をすると、「自分は親の近くにいなくて申し訳ない」とか「なんとか地元に戻してもらえるように、会社と交渉したほうがいいのだろうか」とか、そういう声がたくさん出てくるわけです。「いやいや、そんな必要はないです。むしろ、無理に距離を詰めないほうがお互いにとっていいことなんです」とお話しさせていただいて。

――『親不孝介護』では、「仕事などで親と自然に距離が取れているなら、介護が始まったからといって無理に詰めてはいけない」としています。でも、やはり「介護のために親のそばにいたいのに、仕事でそれがままならない」というのは〝悩み〟になるんですね。

## 休職制度が「自分で介護しないと」という意識を生む面も

**増谷：**今のお話で気付いたんですが、会社の介護に対する意識も一つの課題としてはあるかもしれません。当社にも、介護休暇、介護休職の制度があります。そして、制度そのものは意味があると思います。でも、伝え方には注意しなければいけないかもしれません。「介護休職」という制度が会社にあるが故に、「親が要介護になったら、自分が休職して、介護を全部引き受けなきゃいけない」と考えてしまう。誤解を恐れずに言うと、休職制度を会社が用意することで、社員の側は「介護をするために、休まなきゃいけない」と思ってしまう側面があるのではないかと。

**川内**：すごい、これはまったくその通りで、もちろんブリヂストンさんだけじゃなくて、どの企業さんも抱えるジレンマだろうなと思います。

――休職制度があることで、「休んでいいから、『君が』親の介護をやりなさい」と言われている気分になるかもしれない。「君が直接、介護をやりなさい」とは、会社側は言っていないのですが、まあ、普通は誰だってそう考えちゃうでしょうね。そこが怖いところで。

**川内**：はい。「親の介護」は、自分で親のおむつを替えたり食事の世話をすることではないんです。自分がマネジャーとして、外部スタッフとチームを組成して、自分にも家族にも、そして親にもストレスなく維持していける体制をつくるという、ある意味とてもビジネス的なことなんです。これは実は、厚生労働省もはっきり言っています。

【介護休業は、緊急対応のための介護を担うと同時に、仕事と介護の両立のための準備（要介護、要支援認定の申請、ケアマネジャーを決める、介護施設の見学など）を行うための期間。↓介護は先が見えないため、介護休業中に自分が介護に専念してしまうと仕事に復帰できなくなる。↓子育てのための育児休業は自分が育児を行うため、介護休業と育児休業は役割が異なる】

厚労省「そのときのために、知っておこう。介護休業制度」ウェブサイトより引用増谷：でも、誰にとっても初めての体験ですから、「介護休暇」「介護休職」と言われたら「自分が直接、親の世話をするために取るんだ」と思いますよね。

川内：そうなんです。企業の人事の方が「そこに誤解が生まれる可能性がある」と気付くことがものすごく大事なポイントです。その思い込みを外さないと、介護離職につながってしまう。

介護休暇や休職で、自分で親御さんの介護を始めてしまうと、相互に依存関係が生じて、ヘルパーさんなどの外部スタッフを後から入れることに、介護される親も、介護する本人も、抵抗を感じるようになってしまいます。介護は撤退戦で、「治る」ことは基本的にありませんから、終わりが見えない。でも本人は「治らない」という事実になかなか向き合うことができません。だから「まだ親と自分の努力が足りないんだ」と考えてしまうんです。

――そうなると？

川内：「親のために、会社を辞めて、介護に全力を投じよう」となってしまう。これは、仕事の課題解決の経験値が高い、優秀な社員さんほどそうなりがちです。

## 「介護に充てる時間が足りない」という声をどう聞くか

川内：組合が要求することもあるでしょうね。自分で介護を始めた従業員さんから「介護に充てる時間がなくて困っている」という声が上がってくる。この声に基づいて組合が動き、会社もそれに応えようと、介護休暇・休職制度をどんどん拡充していく。でもこれは、実は結果として介護離職を後押ししていることになりかねない。

――　なぜでしょうか。

**川内：**じりじりと悪化する状況を前提としたとき、最も必要なのは、その戦線を受け持つ人が「最後の瞬間まで戦い抜く」体力、精神力を維持することです。そのためには、どうすべきか。普通に考えれば「1人で何もかもやろうとせず、組織や社会の力を借りる。人に相談して悩みを分かってもらい、支援を受ける」と、なりますよね。

――　はい。厳しい戦況で援軍がない状態は、物理的にも精神的にも厳しいでしょう。

**川内：**仕事のできるビジネスパーソンが、これを理解できないはずがない。ですが、子どもは親の状況に冷静に対応できず、なんでも「自分でやってあげる」ことに執着しがちなんです。

制度として休暇・休職を取り入れている企業さんは多いのですが、「打ち出し方を考えないと、むしろ逆効果になるかも」というところまで気付いている企業さんはまだ少ないと思います。だから増谷さんが言ってくれた言葉に「ああ、よかったな」と思いました。

**増谷：**私の中では介護も、もちろん育児もそうなんですけれども、「休む」というのは選択肢の一つであって、それぞれの皆さんの状況によって、休職するのか、休暇で済むのか、休まずになんとかできるのか、ということを、専門家の方とちゃんと相談をして決めていくべきなんだと感じています。でも、説明が足りないと「制度があるから使わなきゃ、休まなきゃ」という感じになってしまうリスクもあるのかなと。

**川内**：そうですよね。そう思っていただけることが企業の人材マネジメントにとっては非常に大事だと思いますし、「言わなければ分からない」こともやっぱりあるわけで。

**増谷**：そうなんですよ。制度があることそれ自体が、あるメッセージを発信していることになるんですよね。それが、会社の意図とは異なる理解を社員が持つことにつながったりしている。介護休暇・休職についても、介護が必要な状況に家族がなったら、自分が休まなきゃいけないんだと思ってしまっている社員がいるようなら「あ、それは違うんですよ」と知らせないといけない。

**川内**：そういうことを企業の担当の方が社員さんにおっしゃってくれることが、ものすごく重要ですし、私としてはありがたいです。

## 「休ませることが支援」という意識では、社員は救えない

**増谷**：もちろん、介護休職が本当に必要な人は使っていただきたいんですよ。一方でそれによ

るリスクは、会社としてはできるだけ少なくなるようにしていますけれども、ゼロではありません。キャリアの面でもそうですし、収入の面でもリスクが生まれてきますので、その上で、「本当にこのタイミングで、この期間、休職が必要なんだろうか？」というところは、ぜひ皆さんに考えていただきたいですし、考えるお手伝いをしたい。こうした情報を川内さんから個別相談で社員にじっくりとお伝えいただいているのは、会社としてありがたいことだなと思っています。

**川内：**そうなんですよね。企業の中では「休ませることが、会社からの支援だ」という考えがまだまだ支配的ですし、まったくの善意から「リモートで働きながら介護したら？」というアドバイスがしばしば行われているので、これをどう緩和していくか。難しい問題です。

**増谷：**そうですね。これは繰り返し発信していって、よい事例を皆さんと共有することがすごく大切だと思うんですよね。

川内さんには、毎月、私どもの会社で介護の個別相談を実施していただいているんです。私、この部署に来て本当に、「あ、介護って、私の想定していた10万倍ぐらい多様なんだな」と思い知りました。もう想定を超えた数のそれぞれの思い、それぞれの事情があって。

**川内：**そうかもしれません。確かに。

**増谷：**これは、画一的にマニュアルを用意できるようなものでは絶対にないんだなというのが、この部署に来てやっと分かりました。だから、個別相談の時間をすごく大切にしたいなと思っていますし、セミナーからもできる限り個別相談に誘導するようにさせていただいています。

**川内：**ありがとうございます。「企業での個別相談」って、どうして重要なのかというと、介護をしている、介護に直面しかけている人が、要介護者（親御さんですね）と離れた場所で専門家と一対一で向き合える機会って、実はほとんどないんですよ。

## 介護者は「吐き出す機会」がなかなかない

**増谷：**親御さんと一緒では、言えないことも多いですよね。

**川内：**そうなんです。親への不満、愚痴、仕事への不安をまずは思いっきり吐き出していただいて、それで初めて自分の状況、増谷さんがおっしゃる「個別」の事情を考える心と時間の余裕が持てるわけです。『親不孝介護』で言いたいのもそういうことなんですよね。親と距離を取らないと、自分の状況を冷静に考えることはできない、そう思っています。

自分で介護を始めると、どんなに能力がある方でも、もう現状に対応するだけで、いっぱいいっぱいになります。親という、かつての自分の「安全基地」が壊れていくのを直視するのは、人間にとってあまりにつらくて、「なぜあの立派だった親がこんなことになるんだ」という思いがあふれて、冷静な判断ができなくなるんですよ。本の引用で説明しますと……。

**川内：**　これは大学の授業で習った話ですが、心理学的に子どもにとって親というものは、ある意味自分の一部であり、かつ、いつでも帰れる「安全な基地」としていつまでも感じられている。たとえ、親が高齢になっても自分にとってそういう存在である、とまで言われているんです。

――いつでも帰れる安全な基地。

**川内：**ところが親が老化したり認知症になることなどによって、その安全な基地が崩れてしまう。安心して寄りかかれる場所がなくなっていく。これに直面することが、子どもの心理にものすごい負荷をかけるそうなんですね。気持ちがかき乱されるので、実の親に対して「客観的に」「冷静に」と思っても、非常に難しいところがある。

――そうか……何でこんなにイラつくんだろう、こんなきつい言葉をぶつけてしまうんだろう、と思っていたのですが、自分の絶対安全ゾーンだ、と思っていた場所が崩れていくのを見て、「そうじゃないだろう、きちんとしてくれないと〝俺が〟困るんだよ」というような、悲鳴を上げているみたいなものなんですかね。

ってことは、親じゃなくて、自分の問題ってことですか、これ？

**川内**：まったくその通りです。特に自分の経験上、これは男性が母親を介護する場合に目立つので、先に知っておくことが重要です。でないと、必ず生じる母への怒りに「親に対してなんてことを」と罪悪感を覚え、それに自分が押しつぶされてしまいます。

（中略）

逆に言えば、介護者である子どもから見て「すてきなお母さん」であった記憶が強ければ強いほど、介護がきっかけになってそうでない部分が見える。そして、子どもは大きな落差に苦しむことになってしまう。

――うちがまさにそうでした。

**川内**：はい。企業に出掛けていって介護の個別相談をしますと、今Yさんがしたようなお話を聞くことがとてもとても多い。「自分は母に対して、なぜここまで厳しく当たってしまうんでしょう」と。「それは心理的に当然の反応なんですよ」と説明すると、ほっとした顔をされますね。

――私も川内さんからこの話を聞いて、すごく楽になりました。

（『親不孝介護』第2章「平気でウソをつくなんて！　母さん、そんな人だっけ？」より）

――ブリヂストンさんでは、介護セミナーはどういう形で告知・募集されるんでしょう？

**増谷**：社内のメールですとか、あとはイントラネット上で案内をしています。管理職向けのセミナーについては「管理職は全員受けてくださいね」という決まりがあるんです。

――必須で、なるほど。

**増谷**：一般社員向けのセミナーは、お昼休みに開催しているんです。よりカジュアルに、あまり研修のような感じにならないように気をつけています。セミナーという名前も変えましょうかという話を内部ではしています。

――開催はどのくらいの頻度ですか。

**増谷**：上期、下期でそれぞれ3回、年間6回ですね。集中して開催する強化月間を設けています。皆さんが親御さんのところに帰省した後のタイミングがいいかなと思って、22年は2月、3月と、7月、8月に行いました。

――親の今の姿を見て、がくぜんとして帰ってきたときを狙うんですね。

**川内**：これは有効打が出やすいですね。

**増谷**：ばらつきはありますが、毎回数十名が参加しています。

**川内**：まず、管理職の方向けにやってくださっているというのが素晴らしいと思います。管理職は部下から相談を受ける立場ですから、「介護のために休職を」と言い出したら「ちょっと待って」と言える。そしてもう一つ、「会社が行けと言うから行った。聞いてみたら、いや、部下の前にまず自分の親がヤバいことが分かりました」みたいなことをおっしゃる管理職の方が意外に多いんです。

これを言う方って「介護の本は手に取らない人」なんですよ。だから企業の方が、介護セミナーに背中を押してくれるというのは、実はものすごくありがたい。個人の内発的動機に任せられていた「介護を考える」という難題にイノベーションが生まれた、くらいに思っています。

**増谷：**いえいえ（笑）。

**川内：**これからは「介護の勉強は、実際に介護が始まる前が一番お買い得、学び得」ということを、もっと訴えていけるといいですよね。一般社員の方向けにも「親が元気なうちに手を付けるのが成功の秘訣なんです」ということをばーんと打ち出してやっていると、「あ、元気なうちに相談に行っていいんだ」と気付いてくださって、参加されている方もいるわけです。いくらお元気でも、親の介護にまったく不安がない人なんていないわけですよ。そして、親御さんが元気なうちのほうが、有効な「親不孝介護」の手をたくさん打てるんです、そうするとご本人はもう、本当に心配なくというか、憂いなくお仕事ができる。

## ダイバーシティーに重要なのは、選択肢を増やすこと

ブリヂストン 増谷真紀さん（右）

**増谷**：川内さんのお話を聞いていていつも思うのは、私は今、介護を含めたダイバーシティー（多様性）関連の仕事をしているんですけど、ダイバーシティーへの対応って結局、選択肢というか、可能性というか、それを増やすことだよなと思うんです。

―― なるほど。打てる手の多さ。人によって事情が千差万別だからですね。

**増谷**：はい。そういう意味で、介護はもう、なるべく早い段階で専門家に相談することで選択肢がたくさん手に入るんだよ、後半になればなるほど少なくなってくるから、早いうちにね、ということをお伝えしています。

**川内**：その通りです。分かりやすい。

―― 『親不孝介護』の中でも、「介護で一番大事なのは、お金じゃなくて時間ですよ」と川内さんが言っています。目の前で親が明らかに要介護の状態になっていたら、「どこでもいいから、明日入れる施設はないのか」となってしまう。いい施設を選ぶなんて選択肢は消えちゃうんですよね。

**増谷**：そうなんですよ。

**川内**：介護は誰もが当事者になりやすいダイバーシティーのテーマの一つだと思いますので、その理解につなげるためにも、企業の方が親の介護という状況をうまく使ってもらえたらいいんじゃないかな、と思うんですよ。それを目指してくださっているのは、本当にありがたいなといつも思っています。

――増谷さんご自身は、ご両親の介護は？

**増谷**：実はまだやっていないんです。私の両親は九州で暮らしていて、ちょこちょこ病気はしていますが、2人とも健在です。年齢は80代前半ですね。実はこの間、母と電話で話していたら、不安なことがあるというので、とにかくまずは「地域包括支援センター（包括）」に連絡だ、と。川内さんから教わった通りに、「実家の住所＋包括」で検索して。

**川内**：はい、親の介護を考えたら、すぐに「親が住んでいる住所（何丁目、まで入れる）スペースを空けて　地域包括支援センター」で、ネットで検索ですね。これで一発です。自分がやっている介護相談の経験も含めて考えると、包括の存在が世の中に本当に知られていないし、まして活用の仕方は分からない人がほとんどです。これは大きな問題で。

包括を介して地域の介護の専門家に早いうちからつながることの重要さは、いつも耳タコの勢いで言っていますが、本当に大事なんです。介護は子どもも初めての経験ですけれど、親自身も、自分が衰えたときにどうしたらいいかというのが分からないんですよね。その分からない親を見たときに、子どもも一緒にぐらぐらくるわけです。

**増谷：**そうですよね、お互いに分からないから。

## ぐらついている親との付き合い方は、誰も教えてくれない

**川内：**一緒に「どうしよう、どうしよう」と揺れていく。親という存在は、もちろん様々なケースがありますけれど、現役世代にとってはやはり大事な存在であることが多くて、子どもの側のメンタルにそれなりに影響が出てしまうんです。そして、ぐらつきだした親との上手な付き合いの仕方というのは、たぶん誰も教えてくれてないと思うんです。

——だから専門家の「包括」に早期に介護についてのアドバイスを求め、自分は親と適切な距離を取る「親不孝介護」でいこう、と。

**川内：**ただ、一般の方が、人生で初めて福祉の窓をたたくのが親の介護だったとしたら、これ

までの〝常識〟――「親のそばにいるのが親孝行」というのがその典型ですが、そこから離れるだけでも相当厳しいだろうな、とは思いました。

――「自分でやってはいけない。介護のプロでも、自分の親の介護はできない」と川内さんに言われてびっくりしました。

**増谷：**そうですよね、プロだから技術はある。でも、自分の親相手だと必ず失敗するからやらないんだと。

――増谷さんはこの役職に就かれて初めて、介護の世界と向き合った感じなんでしょうか。

**増谷：**はい。一応、セミナーは受けていましたけれども、実は恥ずかしながら私自身「親の介護は、まだもうちょい先かな」と。

――川内さんのセミナーを受けてはいらっしゃった。

**増谷：**なので、お話は聞いていたんですけれど、その当時は親はとても元気だったので、あまりピンときていなかったんです。ある程度の年齢になってきたことで介護が自分事になって、意識がすごく変わってきました。

――川内さんから「親と距離を取ろう」という考え方を聞いて、驚きませんでしたか？

**増谷：**ショックというか、驚きはありました。「へえ、それでいいんだ」ぐらいな感じでしたね（笑）。あ、ラッキーって。それこそ私も、「本当に両親が具合が悪くなったら介護休職、使わないといけないのかな、九州に帰らないといけないのかな」と、ぼんやり思っていましたから。それがこの部署に来て、川内さんのお話を聞いて、「なーんだ」という。

**川内**：いや、そう言っていただいてうれしいですね。

**増谷**：実は自分で勝手に思っているわけですよね、親の介護は自分でやらなきゃいけない、と。――国も、自治体も、会社も「お前がやれ」とは言ってないんですよね。介護保険料、40歳越えたらみんな払っているわけですし。

**増谷**：誰からも、会社を休んで親を介護しろ、とは言われてないのに、休まなきゃいけないと思っていた自分に気付いて、それが両親にとってもいいことなんだと理解できたのは、すごくよかったですね。なので、自分の経験からしても、セミナーを1回受けただけでマインドがぐるっと変わるかというと、そこまではなかなか難しいなと思っていまして。セミナーではもちろん川内さんからポイントをお伝えいただいているんですけれども、個別相談で川内さんと一対一でお話しすると、「ああ!」って、絶対なると思うんですよ。

**川内**：うれしいです、ありがとうございます。

**増谷**：介護は、本当に始まるまではなかなか「これは自分の話だ」とは受け止めにくいかもしれないですしね。そこは今、セミナーでも工夫しています。ロールプレイをやったりして。

**川内**：ロールプレイはうち（NPO法人となりのかいご）で最近つくったものなんですけど、

「田舎の母親を自分の近くに無理やり呼び寄せました。だけど1週間後に母親が『とにかく地元に帰りたい』と言い出した。この母親を説得して止めてください」というのが課題です。

――誰がどの役をやるんですか。

**川内**：お子さん役は社員の方にやっていただいて、私が母親役です。私、仕事を通して「子どもに無理やり地元から連れてこられた親」というケースをたくさん見ていますので、「ああ、きっとお子さんはこうおっしゃるだろうな」というのが全部分かるわけです。

――ということは、言われたお母さんがどう反撃するかも知っている。

## 5分で分かる、「親孝行」で親が嫌いになる理由

**川内**：はい、それを使って、息子役の方の言葉をことごとく否定する。「いやいや、あなたはここにいてほしいと言うけど、それは私の望んでいることじゃないんだよ」と、わんわん言うわけですよ。そうすると、たった5分なんですけど、そこには苦しみだけが残るわけですよ。

**増谷**：子ども役は、ちょっと川内さんのことを嫌いになりますよね（笑）。

**川内**：そうそう、私のことはたぶん嫌いになるんですよ。私は別にいいんですけれど、それはつまり、「自分が呼び寄せた自分の親が、だんだん憎たらしく感じられていく」ことを意味し

ているわけです。それも、たった5分で。これが1週間、1カ月、半年と続いていったら、お互いの関係が良くなるわけがないじゃないですか。その疑似体験をしていただいて、「これって本当に親孝行ですか」という問いを出して、介護相談に来てもらう。

――うっひゃー。

**増谷**：介護の「考え方」を理解するための、素晴らしいコンテンツです。

**川内**：ぞっとした、と、皆さん言います。今の考え方のままでは「だめだこりゃ」だと分かる。これが分かっているのと、分かってないのとでは次の選択肢が変わってくる。

――子ども役の側から「これは親に効くだろう」と出してくる言葉ってどんなことですかね。

**川内**：それはもう決まっていて、「僕にも親孝行させてくれよ」です。

それに対して母親役の私がどう答えているかというと、「いや、本当に親孝行したいと思うんだったら、私をすぐに広島に帰してくれ」って。想定上は実家は広島なんですけどね。もう話がかみ合ってないんですよね、その「かみ合わなさ」を感じてほしいんですよ。

かみ合わないのはどうしてかといえば、子どもは「親のため」と思ってやっているけれど、親はそれを望んでいないからです。このロールプレイは「自分が苦労してやってあげても、それが親のためになるとは限らないんだ」と気付いていただくのが目的です。

――うっかりすると「俺は親のためを思って苦労しているんだから、親はそれを評価すべきだよね」みたいな感じに。

**増谷**：自分のことをありがたがってほしい（笑）。

――そうそう、ありがたがってほしい。とはいえ、そりゃ、そう思いますよね。

**川内**：でも親にとってはありがた迷惑なんですよね。「いや、お前は親孝行をはき違えているよ」とお母さんは言っているんだけど、子どもは「自分は親孝行をしている」という思い込みのほうが強くて、そこに気付けなくなっていく。ここに介護の大変さ、難しさがあるなと。「どんなに苦労して親と同居していても、どんなにおむつ交換が上手になっても、どんなに認知症のことを勉強しても、親のためにならないんですよ」ということを、非常に優秀なビジネスパーソンがなぜ気付けないのだろう、と、企業で個別相談をするたびに思います。

「Yさんのような遠距離での介護の場合、介護者側が心配になって、衝動的に地元から自宅の近くに親を移してしまうパターンが、本当によくあるんですよ」

どきっとしました。

「あ、やっぱり。私も実は、そのほうがいいのかもとちょっと考え始めていました」

「ですよね。必ずお考えになると思います。が、私が見る限り、『とにかく自分の近くに』と、よく考えずに連れてきてしまった場合、双方の幸せにつながらないことが多いんです」

「え、そうなんですか?」

「落ち着いてじっくり考えるべきです。Yさんには東京のご家族との日常があり、お母さんにはお母さんの新潟市での日常がある。それが続くことのほうが、近くで暮らすよりも幸せなことが多い。Yさん、もしかして『親の近くで介護ができない自分は、親不孝者だ』と思っちゃったりしていませんか」

「うっ……そうですね。ありますね。もっと正直に言えば、他人から親不孝と思われるんだろうな、と考えていましたね」

「Yさん、そうなんです。遠距離の親御さんがいる場合、子どもはどうしても自分で自分を責めがちになります。ですが、そばに居ないことが親不孝、なんてことは絶対にない。Yさんの介護を手伝ってくれるわけでも、お金を出してくれるわけでもない、無責任な第三者がどう思うかなんて、自分と家族とお母さんの人生には何の関係もないんですよ。冷静に、双方の幸せだけを考えることが大事です。忘れないでくださいね」

(『親不孝介護』第3章「母さん。『介護保険証』はどこですかー?」より)

——川内さんが企業で実施している介護の個別相談って、何分ぐらいかけているんですか。

**川内**：個別相談は1人50分です。かなり長いですが、必要です。なぜかというと、残念ながら今の日本の介護保険の制度や介護制度全般において、ご家族が専門職に50分間、要介護者を抜いた形で相談できる仕組みはない。これが唯一の機会なので、時間がかかるんですよ。

――先ほどの包括やケアマネジャー（ケアマネ）さんは、そういうことはしないんですか。

**川内**：包括が家族の悩みまで対応するのは、現実的には難しいと思います。ケアマネさんと会うときも、残念ながら親御さんを伴って支援を受けることがほとんどです。

家族支援もケアマネの業務に入るのですが、やはりなかなか時間がないし、相談する側もその発想がない。ところが企業での個別相談って、さっきも言いましたけど、介護者である子どもが1人で専門家と話せるんです。この機会なら、まずとにかくお母さんの悪口を言える。

――家族はここ以外ではガス抜きができないってことですね。

**川内**：そうです。そうなると「母があんな人だと思わなかった」「私のことをボケたふりをしていじめてきます」とか、本当におっしゃるわけですよ。ああ、そういうお気持ちなんですねと、前半はひたすら聞いていって、後半、それでは具体的に何をこれからしていきましょうかということを話します。「50分はあっという間だ」とおっしゃる方が多いですね。

**増谷**：この個別相談という制度を本当に社員の皆さん、評価してくださっていて。川内さんだからこそだと思うんですけれども、「こういうことをやってくれるブリヂストンって、本当にいい会社だな」と言う方もいらっしゃるんですよ。

**川内：**これ、言っていいんですかね。「いや、うちがこんなにいい会社だとは思わなかった」って言う方もいます（笑）。というぐらいすごく喜んでもらえるというのは私はうれしいですけど、こんな、私みたいな面倒くさいのを雇ってくださっているのも、本当に社員さんのためにと思ってくださっているからこそなんだ、と思います。そういうメッセージングができるツールとして使ってもらえているのはすごくありがたい。

## 社員のパフォーマンスを落とさないためにも

――「社員の介護にちゃんとコミットする会社」は、ロイヤルティーが高くなりそうです。

**増谷：**ちょっと教科書的になるかもしれないですけど、「介護はあなただけの問題ではないので、ブリヂストンという会社としてちゃんと支援、応援しますよ」というメッセージを送るのは、人材の定着を含めて、経営的にもいろいろなメリットがあると思うんです。

川内さんも普段からおっしゃっていますけど、「介護と仕事を両立してください」と、それだけぽんと言われたら、仕事のパフォーマンスが落ちるのが当然だと思うんですね。精神的にもつらいし、時間の制約も増えますから。そういった中で川内さんは「何もかも自分でやるのではなく、こうやって公的支援を活用すれば、業務に対しての影響を少なくできますよ」とアドバイスをいただけるので、実利的にメリットがある。

そして、私も含めて仕事をしている人間は、どうしても問題にフォーカスしすぎてしまって、「問題解決しなきゃ」みたいな気持ちに縛られてしまうんですね。自分自身がその状況に入り込んで、解決しようとする。仕事する上ではそれが生きがいだったりすると思うんですけれども、「そういうやり方じゃないほうがうまくいく場合もあるんだよ」ということに気付くことができる、という意味でも、ビジネスパーソンが介護を考えるのはすごく意味があると思います。

――ああ、ついつい現場にいるのが楽しくて、「よし、俺が出ていく」みたいになりがちなんだけど、それだけが解決策じゃないよねという。

**増谷**：川内さんがよくおっしゃっている「（介護で）困る前に相談してください」というのも、ビジネスパーソンには重要な学びですね。これに続く「だって、困る前のほうが選択肢がいっぱいあるんだから」というメッセージも、仕事もそうだなと思って、ぐさぐさきています。

ビジネスだと個々の案件に個別に対応するのは非効率的な側面もあったりするので、つい、「これをやっておけばオーケー」という万人に共通の正解を求めがちだと思います。

そして、それは私の中では決して悪いことではない、効率的に物事を進める上では必要なプロセスだと思うんですけれども、世の中の課題はそういう対応が可能なことばかりじゃないよ、という。

**川内：**本当にそうですよね。一方で、こうした一見効率が悪いことは「でもこれはCSR（企業の社会的責任）だからやりましょう」だけでは続かないとも思います。企業さんがそれを従業者の方に浸透させる努力をされるのは立派だと思いますが、コストばかりかかってリターンがないと思われたら、やっぱり難しくなるだろうな、と。なかなか、大きな組織が変化するのは大変だろうとは思いますが。

**増谷：**でも、きっと変わるんだろうなと、何となく楽観的に思っているんですよ、私。

今、娘が23歳なんですけれども、私が娘を産むときって、まだ育児休職を全員が取る感じじゃなくて、出産で退社する方とかもいた時代だったんです。でも今、当社ではもう女性はほぼ100％育休を取るようになっている。

それがベストな方向かどうかは分からないですけれども、世の中に合わせて制度も運用もいずれ変わっていく。そして、日本の将来で確実に決まっているのは超高齢社会になること。

――社会で解決せざるを得ない、「個人で抱え込んでなんとかしろ」なんていうことが通る時代じゃないだろうということですね。

**増谷：**そうですね。現実に、介護を個人で抱え込むのは不可能です。

**川内：**無理ですね。無理だと思います。私もできないです、それは。

**増谷：**川内さんもいつもおっしゃいますよね。昭和までは親の介護を家族とかコミュニティーの中で見る、ということもあり得たかもしれないですけれども、今はそういう時代じゃないんですって。それはもう数字でも表れていますし。

**川内：**そうですね、明確ですよね。だけど一方で、テレワークしながら介護、というおかしな組み合わせを、お役所が推奨していたりもします。

## テレワークしながら介護なんて無理です

――川内さん、テレワーク介護のお話には本当に怒り心頭って感じですよね。

**川内：**だって無理ですよ。それを世の中が前向きにとらえようとしているのが、私には理解できない。「介護は子どもがテレワークしながらやれるもの」という社会的理解があるんですね。

**増谷：**私、川内さんの話を聞いているから「怖い」と思えるんですけれども。

**川内：**いや、実例を知っていますが、軒並みうまくいってないですからね。目の前に認知症のお父さん、お母さんがいてウェブ会議、やれないですよね。パフォーマンス出ないですよ。

**増谷：**それは絶対そうだと思います。実際のケース次第ではありますが。

――しかし「リモートで働きながら介護しようと思います」と、社員の方から増谷さんに相談があったら「やめたほうがいいよ」って、なかなかおっしゃれないんじゃないんですかね。

**増谷**：それを言われたら、「すみません、川内さんに相談してください」と言うだけです。

**川内**：スルーパスが来る。私はただ、ゴール前で待っているだけで（笑）。

――華麗にスルーパス（笑）。川内さん、パスが来たらどうされるんですか。

**川内**：「どうしてそうしようと思いました？」から入ります。実は、この「テレワークしながら介護」という発想は、自動思考的に出てくるもので、そこにはロジックが存在しない。

――自動思考って？

**川内**：言い方を変えると、「テレワークしながら介護」という回答は、いろいろな制約に追い込まれてたどり着くものだ、ということです。だから、どうしてそこに追い込まれていったのか、気持ちの動きを丁寧に聞いていく。そうすると「親のために動けるのは家族の中で私だけだ」とか「会社でテレワークを認められているのは、家族の中で自分だけだ」とかから「じゃあ自分がテレワークしながら介護するしかないじゃないか」と、いわば短絡的に思い込んでいることが見えてきます。公的支援を仰ぐ、という発想に行けなかったわけです。

それで、「分かりました。じゃあ、テレワークをしながら介護ということで、あなたは何をするんですか」と聞くと、たいていの方が「見守り」と言うんです。

「今、見守りとおっしゃいましたか。本当に見守りですか」「はい、見守りです」「見守りって、介護の中で一番難しいってご存じですか」と。

## 家族の「見守り」はなぜ難しいのか

――ただ見ていればいい、というものじゃないんでしょうか。

**川内**：見たら手が出ますよね。

――「立とうとしてるけど不安定だな」となったら、自分が立ち上がって支えようとするな。

**川内**：だめなんですよ、それをやったら。

**増谷**：見守りじゃないんですね、それは。

**川内**：自立支援の視点から考えると、自分が助けたらだめなわけですよ。親の悪戦苦闘を見ながら、観察してアドバイスをする。でも親御さんからはいろいろな言葉が飛んでくるわけですよ、冷てえやつだとか、そんなやつに育てた覚えはねえとか。「ごめんね、でもそれはやっちゃだめなんだよ」と言って、口だけ出して見ていなきゃいけないんですよ。

――えええー。親に向かってそんなことできません。

**川内**：そう、他人同士だったらやれると思うんです。自分の父親には私も絶対できないです。

たぶん親子関係も終わります。子どもなら親を助けずにはいられない。でも助けていたら自力で立てない人になってしまう。「自分が父親の前にずっといることが、父が自分でできることを奪っちゃうんだね」と、相談者に理解していただくわけです。さらに、細かい話なんですけど、下手な支え手だと本人も痛いし、体重を預けていいのか怖くなるんですよ。

**増谷：**そうですよね。

**川内：**支える側もダメージがあるんです。ひじと腰かな。痛めるとしたら。支える技術が必要だし、声を掛けるタイミングにも技術と経験が必要で、その技術、経験はやはり冷静でないと発揮できないから、そういう意味でも私は父の見守りはできないです。

年を取って体が痛くなり、動きづらくなっていくけれども、それでもその人が何を大切に生活されたいかということを見守る。まさに「見守ることがケア」なんですけど、それを許さないわけですね、家族関係は……と、人によりますけど、例えばこんなロジックですかね。

——ああ、いつの間にかカウンセリングを受けていた（笑）。

**川内：**感情の受け止めをして、ガス抜きをしたところで具体的な介護の場面を想像いただいて、「これは無理ですよね、より適切なケアってこういうものなんです」というふうにご理解いただいて、じゃあ、具体的なタスクはこれですと。また1週間後に私、メールをしますね、タスク確認しますねというような、こんなやりとりで。

――なるほど、説得力があります。

**川内：**これをやれると、相談されたご本人としては、「何かしないと親に申し訳ない」という気持ちが、ゼロにはならないかもしれないけど、かなり下がるんですよね。

――よく分かりました。でもそれも企業の方が「川内さんにパスを送る」からできることで。

**川内：**そうです。そうしていただかないと、お助けしようがないですから。

**増谷：**いえいえ（笑）。これこそまさに「介護は専門家の力を借りる」ということですよね。

日々多忙な働く世代に、プッシュ型で介護の情報を届けられるのは企業セクターしかないのです。企業の人事・総務の方は、ぜひその立ち位置の重要さを改めて意識して、社員の介護支援をやっていただければと思います。

やるべきことは休暇や金銭よりも何よりも「親の介護は自分でやるべきではない」というマインドセットです。ですから、担当の方さえ気が付けば、予算も必要ありません。むしろ中小企業のほうが、「社長の鶴の一声」で動ける分有利かもしれませんね。ブリヂストンさんのような大企業にはリソースがありますが、全体を動かし、整合性を取るのは難しい。でも増谷さんのような方が増えていけば、介護離職の問題は解決へ向かうのは間違いありません。

「余計なちょっかいを
出さないのが
本当の親孝行ですよ」（佐々木淳先生）

「『親孝行』という
曖昧模糊《あいまいもこ》な言葉で、人生を棒に
振ってほしくないです」（川内）

# 「年をとったらハンバーガー！」老後も介護も常識を疑え

**医療法人社団悠翔会理事長・診療部長**

**佐々木 淳さん**

ささき・じゅん　医療法人社団悠翔会 理事長・診療部長 1998年、筑波大学医学専門学群卒業。 三井記念病院内科・消化器内科、東京大学医学部附属病院等の勤務を経て、2006年に医療法人社団悠翔会を設立し、理事長就任。 在宅医療に特化した医療法人として、「機能強化型在宅療養支援診療所」を首都圏を中心に24クリニック展開。

佐々木淳先生は、著書『在宅医療のエキスパートが教える　年をとったら食べなさい』（飛鳥新社）で、世の中の「年寄りの食事の常識」をことごとくひっくり返しています。「血圧や血糖を気にするより、とにかく食べなさい！」と断じ、高齢者にお薦めのメニューとして「ハンバーガー」を一押しするのです。「衰えが気になり始めた高齢者は、動脈硬化よりも痩せてしまうことを心配すべきだ」というわけです。

「不摂生は高齢者の特権」とまで、佐々木先生は言い切っています。

在宅医療の専門家である佐々木先生は、介護の専門家である川内さんと、同じ〝お客さん〟（高齢者とその家族）に接しているので、問題意識もつながっているはず。お二人をかみ合わせたら、高齢者の医療・介護について、世間の常識を揺さぶるお話が聞けるのではと考えて、対談をセッティングしました。頭を柔らかくしてお楽しみください。

●

**川内**：佐々木先生、ご多忙のところ、ありがとうございます。

**佐々木 淳さん（以下、佐々木）**：いえいえ、よろしくお願いいたします。

――進行の編集Yです。よろしくお願いいたします。佐々木先生の『年をとったら食べなさい』、衝撃でした。今まで自分が信じていた常識とは正反対のことばかりです。

おじいちゃんになったらハンバーガー食べていいよ、カップラーメンも卵を落とせば悪くないよ、って。これを読んだ方から「そんなわけないだろう」みたいなことを言われたりしないんですか。

**佐々木：**いや、医者からいっぱいクレームが来るかなと思ったけど来ませんね（笑）。だってこれ、Evidence-Based（エビデンスベースド）で書いている本ですからね。「文句があるならエビデンスで示してください」と言おうかなと思っていたんですけど、今のところお医者さんからクレームはなくて。

ただ、「若い糖尿病の人は慎重に」と書いているのに、そういう人が異常に反応していて（笑）。あなたの場合はまだ高齢者じゃないでしょう、ちょっと早いです、と。

――「年をとったら何食べてもいいんだぜ」と思ったら、それだけでもかなり楽しく生きられそうですよね。

**佐々木：**ありがとうございます。『親不孝介護』も、すごくいいなと思いました。特に、説明の仕方がビジネス本のメソッドを使っているので、ビジネスパーソンが読んで理解しやすいと思うんですよ。

**川内：**Yさんの実体験、そしてそれを私と2人で振り返ってレビューして、最後にまとめ、と。

――なによりとにかく気楽に、最後まで読めるように作りました。

**佐々木：**自分的には、特にこの第7章（「『親の介護』は自分の生き方を考えるチャンスかも？」）が面白いなと思いましたね。会社員の価値観を持ったまま「親孝行をしよう」という意識で始めたら、親の介護はつらい。その通りだと思います。

## 会社員の価値観のままだと介護はつらい

**川内**：組織の価値観を自分のものにしてしまうと、定年後は大変ですよね。介護もそうなんですよ。会社のものの考え方と相性が悪いから。

――というと？

**川内**：会社の評価軸は、「努力と行動を重ねていけば、成果が出て評価される」じゃないですか。もちろん理屈に合わないことは度々起こりますが、まあ、「運が悪かったね」で、気持ちを収めることはできる範囲ですよね、たいていは。失敗は自分の努力不足で、成功は自分がかいた汗の結晶、みたいな。

――だいたい、そうですよね。

**川内**：ところが介護は「なんで、うちの親が認知症に？」とかの、まったく納得できないところから始まり、医者に連れて行っても、リハビリをさせても、症状の進行が止まらない。立派だった親の言動が意味不明になり、それこそ、突然警察を呼んだり、介護で苦労している自分が、他でもない親から「泥棒」呼ばわりされることもある。

努力→成果、失敗→自己責任、の、仕事なら当然の考え方でやっていたら、あまりの整合性のなさにへとへとになってしまいます。

――努力と結果が一致しないことが普通なわけだから、気持ちがキツくなるんだ。こうしてみると親の介護って、自分が会社に殉じて身につけてきた「成果主義」「自己責任」といった価値観から、引き剥がされる体験なのかもしれませんね。誰のせいでもないのに、逃げ場のない理不尽なトラブルに突然巻き込まれて抜け出せない、みたいな。

**川内：**そういうことですね。会社で介護相談をしていてつくづく思うのが「これって組織で合理的に生きてきた人たちが、介護に向き合うために価値転換をしているということなんだな」です。

（『親不孝介護』第7章「「親の介護」は自分の生き方を考えるチャンスかも？」より）

**川内：**ありがとうございます。とにかく、「親孝行」というような曖昧模糊《もこ》な言葉に乗せられて、皆さんの人生を棒に振ってほしくないんですよ。

**佐々木：**やっぱり親を不幸にするんですよね、介護での「親孝行」ってね。余計なちょっかいを出さないのが、一番の、本当の親孝行ですよ。

あまり言うと、今、親の介護をしているご家族から怒られるかもしれませんけれど。もちろん、上手に介護している人はいるんですよ。いるんだけれど、たいてい実のお子さんよりも、他の家から来た人、お嫁さんとかのほうがうまくいく。これは『親不孝介護』にもある通り、「距離を取るから」なんですよ。適度な距離感があるんですよ、子どもじゃない人のほうが。

自分の親は奥さんに介護させろ、と言っているのではもちろんありません。家族介護の現場を自分が見ていると、お嫁さんが介護されているときは結構うまくいっていたのに、息子さんが関わるとぐちゃぐちゃになったりすることは、よくあるんです。

**川内**：佐々木先生は在宅医療がご専門なので、要介護の親御さんのご家族とお話しすることが多いですよね。自分もそうなのですが、一つ伺ってもいいでしょうか。

**佐々木**：どうぞ。

**川内**：自分はかなりずけずけとものを言うほうなので、ご家族にも「あなたは親孝行と思って介護をしているかもしれないけど、お父さん、お母さんは実際には望んでないいんじゃないですか」みたいなことを言っちゃうんです。佐々木先生はどうでしょうか。

**佐々木**：そうですね。結構ありますよ。「うちのばあちゃん、大変で」とご家族が言うので「ばあちゃんが大変なんじゃなくて、あなたが大変にしているんでしょう」と言っちゃうくらいのことは（笑）。

**川内：**やっぱり、家族の考えと親の気持ちが食い違うことは……。

**佐々木：**結構ある。そう思うケースはたくさんあります。

**川内：**ありますよね。そのとき、どういうふうに伝えれば、うまく伝わるでしょうか。

**佐々木：**結論から言いますと、伝えてもうまくいかないんですよ、なかなか。

**川内：**そうですよね……。

**佐々木：**お子さんの「いや、やっぱり俺が親のことは見なきゃいかん」という気持ちとか、「子どもである自分たちが面倒を見ているのが、親にとって一番いいのだ」という確信とか、これらは確固たるものですから、我々から忠告をしても、「あ、そういう意見もあるんだね」くらいに受け止める人が多いです。

**川内：**ですね。

**佐々木：**「ばあちゃん（母親）のことは、俺が一番分かっているから」と言う息子さんに、「おばあちゃんが今こういうふうな行動をしているのは理由があって、その理由はおそらくこうこうこういうところで、その関わりの中から逃げ出したいともしかしたら思っているのかもしれない」みたいな話をすると、さっきの理由で、お嫁さんはメタ認知できるんですね。「あ、やっぱり」と反応してくる。でも、息子さんはなかなか難しい。そして、ご家族の頑張りはきちんと前向きに受け止めなきゃいけない、ということもあります。

**川内：**はい。

**佐々木：**在宅医療は、支援の対象としてご本人だけじゃなくて、家族も含めた環境も見ていかなくてはいけません。ですのでご家族には、「どういう在り方がご本人にとって最適なのかというのをまず考えましょう」とお話ししますね。遠回りのようですが。

その中で「家族として関わらねばならないところと、家族が関わらなくてもいいところと、家族が関わらないほうがいいところがあるんですよ」と、少しずつ伝えるようにはしています。

**川内：**当たり前かもしれませんが、介護と同じですね。

**佐々木：**はい、最近はケアマネジャーさんや訪問看護師さんから、ご家族にあらかじめそういう話が入っていることが多くてたいへん助かります。

## 在宅医療は介護の最終段階

――今さらですみません、「介護」と「在宅医療」の、違いというか、位置関係はどう理解すればいいでしょうか。

**佐々木：**在宅医療は、介護のラストステージです。介護が始まって、医療的なものが必要になったときに看護が入って、さらに状況が難しくなってきたら、お医者さんに来てもらってと。

――それが在宅医療。

**川内：**その人の看取りまで付き添うお医者さんですよね。

――在宅医療はどういうふうに始まるんでしょうか。

**佐々木：**最近は、僕らが入った段階でちゃんと介護・看護の体制が整っていることが多いですけれど、誰も（介護スタッフが）入っていなくて状況がぐちゃぐちゃで「まずは行ってみてください」みたいに包括（地域包括支援センター）から言われて行く、というケースもあります。

**川内：**おありでしょうね。

――どういう状況がそんなケースにつながるんでしょうか。

**佐々木：**そういう場合、ご家族が「私たちは正しいことをしているのにお母さんはどうしても言うことを聞いてくれない」という姿勢でいることが結構あります。『親不孝介護』にも書かれていましたけど、家族は無意識のうちに、「あるべき親の姿」を要介護状態になっている親に求めていたりする。

川内さんもおっしゃっていますけれど、やっぱり家族だからこそ、子どもたちが思っている一番輝いていた時点の親が印象として大きくて、そことのギャップに打ちのめされて、「この失われた部分をどうすれば埋められるのか」というところに介護のアウトカムを求めてしまう。

医療法人社団悠翔会 理事長・診療部長　佐々木淳さん　（写真：大槻純一、79、80ページも）

でも、それをやればやるほど溝は深まっていく。それで親も子も双方、くたくたになってしまう。

**川内**：（深くうなずいてから）ただ、今、年600件ぐらい介護相談を受けていても、やっぱり「私はいったい何をしているんだろう」と思う瞬間があるんですね。相談を通して、人の親子関係にずけずけものを言う場面がどうしても多いんです。でも、それってやっていいんだっけ、と。

**佐々木**：というと？

**川内**：一応、こう見えても専門職として、（介護される）本人支援というところに価値を置いてやっているつもりなんですけれど、でももう一つ思うのは、親子は介護をするために存在するわけじゃない。だから、どんな関係性でも究極的には許されてもいいのではないか。親子の関係は自分が口を出すことではないのかもしれない、と思ってしまう。佐々木先生は、そんなふうに思われることはありませんか？

**佐々木：**僕は、家族の関係を良好に保つためにも、お節介かもしれないけれど、やっぱり一定の距離を取るのが大事だと伝えるべきだろうと思いますね。すごく特殊なケースはあると思いますよ。例えば「母1人、子1人でずっとやってきた。母はあらゆることを私にやってくれたから、私も今ここで応えなければ私の人生は成り立たない、というか、締まらない」というような。

**川内：**非常に関係性が緊密なケースですね。

## 親の死を穏やかに受け入れるために

**佐々木：**他に本当に身寄りもないお二人が一対一でケアをする中で、「ヘルパーさんに任せると何が起こるか分からない」とか、「看護師がよく分からないことを言う」などの理由で、お子さんがどんどん介護の仕事を抱え込んでしまう。そういうケースはありますね。ただ、そのまま最後までいくと、お母さんの死を子どもがいつまでも受け入れられなくなってしまう。そういう方がたまにいます。

**川内：**どうされるんですか。

**佐々木：**お母さんを大切に思う気持ちはもちろん理解をした上で、じゃあ、お母さんは何を望んでいるかなということを一緒に考えるようにしていきます。介護だけに忙殺されて社会と縁を切って孤立していくあなたの姿をお母さんはどう思っているかな、ということに、自分で気付いてもらう。これがすごく大事ですね。

「お母さんのためにも介護をしない時間をちょっとつくろうよ」「介護以外にもあなたがやるべきことはあるはず。それをやっているあなたの姿がきっとお母さんを喜ばせるよ」「そのためにちょっとチャレンジしてみようよ」と。時間はかかりますが、そこを軟着陸させていかないと、結局、最後の最後まで、どうしてお母さん、死んじゃったのかしら、私のあのときのあれが悪かったのかしら、と、ずっと心の中で自分を責め続けてしまうんですよね。

**川内：**そう、そうなんですよ。

――それが「お母さんの死を受け入れられない」ということなんですね。

**佐々木：**ですので、ちょっと冷たいように感じられるかもしれませんけれど、親と自分の関係を客観的に見る、ちょっと視座を上げる機会をつくってあげること。それから、専門職、プロフェッショナルの力量と優秀さを成功体験の中で理解してもらって、信頼関係を培うこと。これが大事なんだろうなと思います。

**川内：**佐々木先生から励まされた気分になってきました（笑）。

**佐々木：**川内さんが言う、「余計なお節介」をしている感じはもちろん、する側にもされる側にもあると思いますよ。でも、それは良好な親子関係を守り、親御さんを見送った後にご本人たちに納得感を生み、自責の念を減らすことにつながるんですよね。

## 家族が介護の障害になるとき

**川内：**そういえば学生のときに、「目の前の人をケアしているだけではその人1人すら支援できていないんですよ。その後ろにいるご家族も含めて支援をしたら、初めてやっと1人分ですよ」と言われたんですけど、当時は意味が全然分からなかったんです。

でも、看取りのときにご本人が、「息子や娘は今日も元気でいるか」ということをすごく気にするんですよ。こちらとしては「もうそんなことといいじゃないですか」と言いたくなるんです。あなたが苦しいとか痛いとかつらいとか、訴えるとしたらそっちじゃないですか、と。

だけど、そんなことはないんですよね。「自分が何を残せたか」「残した子どもたちが幸せか」ということがすごくご本人にとって大事で、またそれが気持ちの支えになったり、つらさの緩和になったりする。ご家族を大事にすることが本当の意味での本人への支援になるんだと思って、やっと、「あ、そういう意味だったんだ」と理解したんです。
ですので、今、おっしゃっていただいたように、やっぱりご家族にどう親御さんと同じ方向を見てもらえるか、ベクトルを合わせていくかがすごく大事なんですけど……。時にご家族自身が阻害要因になることがありまして。
**佐々木**：時にというか、しばしばですね（笑）。
**川内**：そうなんですよね。仮に間違っていると思っても、ある程度ご家族の意見は受け入れつつ支援を届けるべきなのか、ここも悩むところなのですが。
**佐々木**：やっぱり家族ごとに家族の関係性って違うと思うんですよね。例えば意思決定の形にしても、自分で決めたことのない世代の人たちが多いから、「家族みんなのコンセンサスで決める」ことになる場合が多いじゃないですか。以心伝心とか、あうんの呼吸とか、言わなくても分かるよねという関係性の中で、いろいろな意思決定をしたり、状況判断をしたりしているので、親の介護でもその癖が付いているんですね。
―― あうんの呼吸、以心伝心でやろうとする。
**佐々木**：だから「家族でなければ分からない」とか、「本人だけでは決められない」とか、ふわふわした状況の中での意思決定は、誰が決める、ではなくて「家族みんなの意向」みたいになっていく。

**川内：**親の意思とは違うかもしれないけれど、家族みんながそう思うからそうしよう、と。

**佐々木：**そう、「家族の多数決の結論が老人ホームへの入所なんだ、おばあちゃん、悪いな」みたいな感じで決まることは結構あるんですよね。

**川内：**そうですね。あります。

**佐々木：**つまり、本人にとっての利益は何かということよりも、「家族として責任を果たすにはどうすべきか」みたいな、おかしな観念論が出てきて。

**川内：**そこです、そこです。

**佐々木：**「一人暮らしで置いておくわけにはいかないだろう」みたいな〝世間の常識〟で決まったりするんですよね。

**川内：**そうです。僕は「年寄りの一人暮らしがダメって、誰が決めたんですか」って、本当はもうちょっと丁寧に言いますけれど、ご家族に聞いちゃいますよ。どうして1人で置いておけないと思うんですかと。病気の症状が理由という場合もあるかもしれないですけど、やっぱり「社会的責任」というか、「老親を一人暮らしさせている子ども」と見られるのはイヤだ、という気持ちとか、そのあたりが大きな理由になっていて、かつ、意思決定している人がそれに気付いてない、そんなケースが多い。

**佐々木：**そう。親のためじゃなくて自分のための意思決定をしているんですよね。無意識のうちに。本人は、それは親のためだと思っているんですね。でも実は親のことを家族はあまりよく知らない。だって自分が生まれる前の親のことはよく知らないし、離れて暮らしていたら、親が今どういう気持ちで生活しているかもよく知らないし。

## 努力が足りないんだ、と考え過ぎるのも「呪い」

**佐々木：**「こうあらねばならない」という、『親不孝介護』でいう「親孝行の呪い」のような、根拠がない価値観が人を苦しめている最大の要因になっていることが結構ありますよね。親は子どもを守るために無理をしてでも頑張らねばならない、もその一つでしょう。そこを「もう頑張らなくていいんじゃないですか？　頑張らなくたってあなたはお母さんなんですよ、家族はみんなそう思っていますよ」と、呪いを解いていく。

**川内：**そうですよね。

**佐々木：**ご本人に気付いてもらうのがすごく大事です。だけど、人から教えてもらってもなかなか受け入れてくれないのが「価値観」なんですよね（笑）。そこは本当に対話を重ねていくしかなくて。皆さん、やっぱり厳しい時代を生きてきたから、「頑張れば道は開ける」という信念で生きているんですよね。

**川内**：そういう時代でした。

**佐々木**：だから「道が開けないのは努力が足りないからだ」というふうに考えてしまう。

——それがあまりに強いと、呪いになってしまうかもしれない。

**川内**：冒頭で触れていただきましたが、まさにそれが「仕事の考え方で介護をやってはいけない理由」でもありますね。

——介護には、仕事、世間、社会の「こうすべき」が当てはまらない、どころか有害なことがたくさんある。佐々木先生が指摘している「高齢者は小食、低栄養でいい」もそれですね。

**川内**：そして、すごく優秀な人、社会的に成功を収めている人であっても、今までの常識にとらわれてしまう。山ほど見ました。あんなにクレバーな人たちなのに、なぜなのか。

**佐々木**：たぶん、皆さんクレバーだからそうなるんだと思いますよ。

**川内**：ああ。

**佐々木**：クレバーな人は、夏休みの観察日記みたいな介護をやっちゃう。

——先生、例えがよく分からないんですけど（笑）。

**佐々木**：「何時に食事をさせて、体温が何度、脈拍がいくつ」などと綿密に記録を取る。その記録を完璧にするほうに一生懸命になったりするんです。

**川内**：そうそう、そしてデータに基づいて効率的に、計画的に介護をしようとするんです。だけど、介護は「想定外の連続」なんです。

## なぜ家族が専門家に「自分のほうが詳しい」と言えるのか

――あの、さっきからすごく気になっていることがあるんですが。佐々木先生は免許をお持ちのお医者様じゃないですか。つまりプロですよね。

**佐々木**：はい、医師として。

――お話を聞いていると、「ご家族が医療関係者に対して、例えば「母親のことは俺が一番知っている」と、堂々と言えちゃうのが不思議なんです。その自信はいったい、どこから来るんでしょう。

**佐々木**：なるほど（苦笑）、情報の非対称性で説明すれば、医者が偉いと思われちゃうのは、例えば病気についての知識と経験の量が多いことをみんなが認めているから、ですよね。でも「母親の専門家はどっちなんだ」と言われたら、それは俺のほうがよく知っている、という。

――なるほど……いや、でも、そういうものなんですか。

**佐々木**：「先生、2、3回しか診てないのに母の何が分かるんですか」とか言われますよ。

――えー。

## 「手に負えない」と自覚できればまだいいが

**川内**：いや、そうそう、そうです。特に介護の、認知症に関しての場合は、ご家族としては、お母さんが置かれている状況の深刻さを理解しにくい。「母親が元に戻らないわけがない」と考えてしまう。これは、つらい状況を受け入れたくないからかもしれませんが。

**佐々木**：そうですね。話が完全に医療の分野にとどまって、「お母さんの病気をどう治療したらいいか相談したい」というときには、「その病気に関してはこうじゃないですかね」というこちらの発言へのリスペクトがある場合が多いです。

だけど、「母の認知症についてどういう治療薬がありますか、母はどういう治療をすべきですか」という質問に対して、例えば「お母さんの場合、薬を飲まないほうがいいです」と答えると「何でそうなるんだ」という反応になることもあるんです。

**川内**：どうしても「病気は治るもの」と考えがちですからね。病気ならば治るかもしれないけれど、老化は止められませんから。

**佐々木**：僕は、もちろん「家族は家族の専門家」としてリスペクトした上で関わりますけれど、ただ、ご家族が直面している課題解決のお手伝いをさせていただくときには、この状況は、「家族だから解決できる」というところ〝だけ〟ではないんですよ、と、理解していただくために手を尽くしますね。

——分かりますが、もっと簡単に、ご家族に専門家の意見に聞く耳を持っていただく方法はないものでしょうか。

**佐々木：**ありますよ。ご家族が「もう手に負えません、助けて」とSOSを出してくれるまで待つのが一番簡単なんです。だけど、そこまで待つとご家族もご本人も手遅れになっていることが多くて。

**川内：**そうですよね……。

——なるほどそうか、白旗を揚げる前に介入しないと手遅れになる。でも白旗を揚げる前は抵抗する。これは大変ですね。

**佐々木：**そうなんです。そしてご家族は「白旗なんか揚げる必要ないだろう」と思っている。だけど客観的に見たら、ご家族ご自身が消耗してもはや危ないレベル、ということが多い。「いや、全然問題ありませんよ」と言う人ほど危ないです。バーンアウト（燃え尽き症候群）する人が直前まで気付かないのと同じですね。

**川内：**企業での介護相談でも本当にそうですね。大丈夫だよと言う君の言葉が一番大丈夫じゃない、という。

## 「下山ルートを快適にする」という考え方

——佐々木先生の講演に初めて伺ったときに、とても印象的だったのが左のグラフです。

**佐々木**：入院のきっかけになる転倒・骨折、肺炎（誤嚥性肺炎）は、低栄養による筋肉の衰えの影響で起こることが多い。そして入院すると筋肉はさらに衰えてしまいます。なので「不摂生は高齢者の特権」と言って、ハンバーガーや宅配ピザをお薦めしているわけです。

**川内**：編集Yさんも言っていたけれど、聞いているだけで元気が出ますね（笑）。

——たくさん食べて体力を維持できていれば、下降する線がなだらかになって、静かに着陸できる、ということですよね。介護は撤退戦、できるだけ犠牲を少なくしつつ最期の日まで戦う、というのが『親不孝介護』でもご紹介している基本的な考え方ですが、医療という目で見てもそうなんですね。

**佐々木**：川内さんが携わる介護も、僕の専門の在宅医療も、基本的には〝軟着陸〟を目指さなきゃいけないですよね。どんなに頑張ったってそのときは来るし、そのときが来るまでにいくつもの障害が起こります。

僕はよく山から下りる、「下山」みたいなものですという説明をするんですよね。山は必ず下らなければいけないんだけど、下山道にもいろいろなルートがある。だから、介護も在宅医

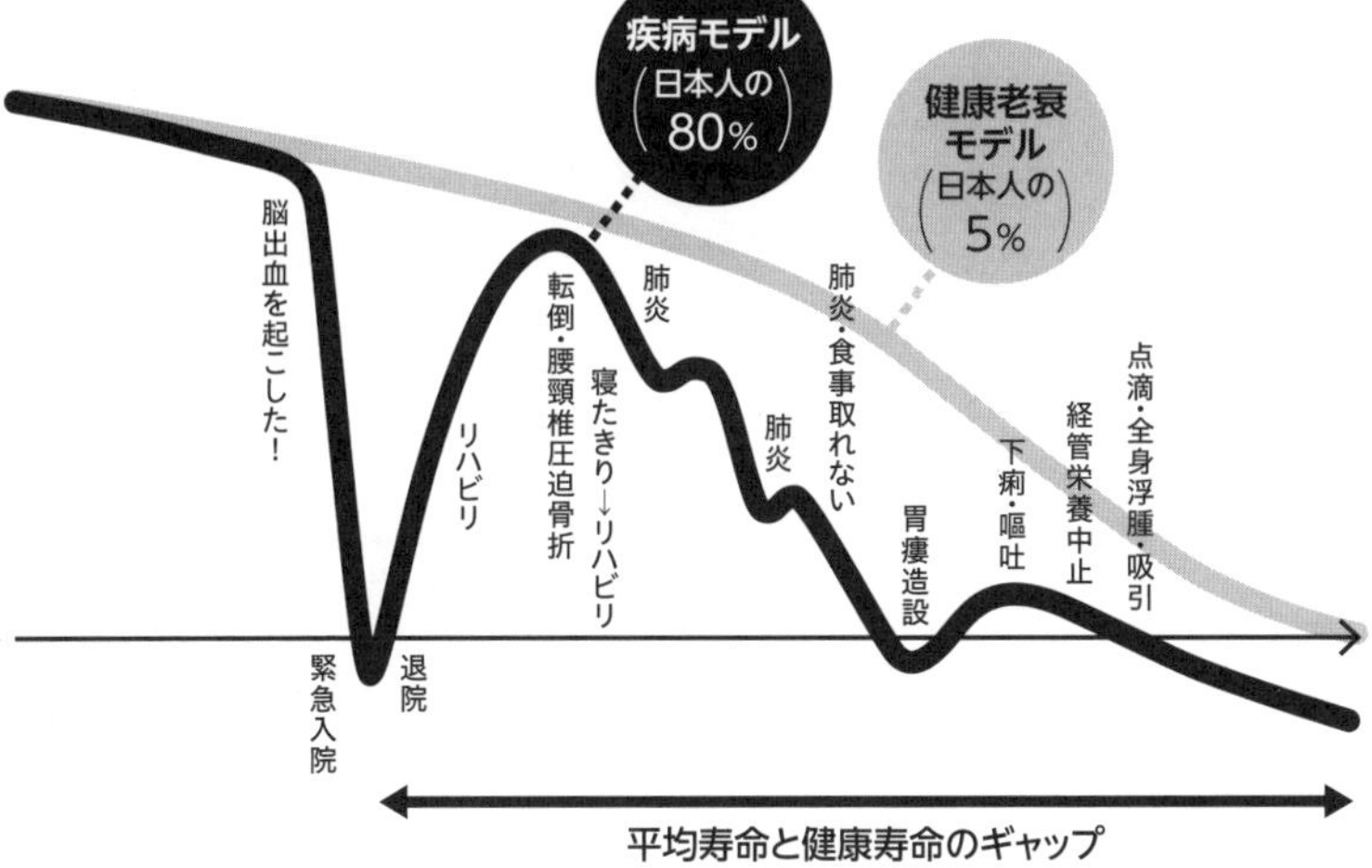


小食・低カロリーによる筋肉の衰えで転倒・骨折・肺炎を起こして入院。入院でさらに筋力を失ってがっくり衰えてしまうのが日本人の大半の人生の終盤。「年をとったら高カロリー、高タンパクの食生活に切り替えて、最後まで元気に」というのが、佐々木先生の主張だ。
出所：悠翔会（書籍で見やすくするために編集部でデザインを調整しています）

療も「どの道をたどるか」ということであって、その選択基準の一つが「どれがおばあちゃんにとって一番楽しい道なのか」なんです。

——楽しい下山道はどれだと。

**佐々木：**多くの人は、上り坂は経験しているんですけれど下り坂というのはたいてい未体験です。上り坂は道を選びやすい。目標が明確なんですよね。

**川内：**「頂上はあそこだ」と見えるからですね。

**佐々木：**合理的な最短距離はこれだ、と分かれば、障害を乗り越えて登るだけです。そもそも上り坂って前に坂しかないから、とても分かりやすいですよね。ところが、下り坂って。

――そうか。ぱーっとこう景色が広がっていく。

**佐々木：**そう。あと、力なくただぽたぽた重力に引っ張られれば下りていける、ということもあるんですよ。考え方を改めれば、下り坂は決してつらい道ではないんですよ。これから先の視界も楽しめるし、これまでの振り返りもできる。そもそも急いで行く必要もない。だから回り道してもいいし、時に障害すら楽しめるぐらい、気持ちにゆとりを持って進めばいいんです。

## おばあちゃんの下山に手を出すな

**佐々木：**もちろん、途中でクマさんが出るかもしれない、スズメバチが出るかもしれない、崖があるかもしれない。実際に崖から落ちたりするんですけど、「そういうときにどうするか」みたいなことも頭に入れつつ、下山するプロセス（過程）をちょっと楽しむぐらいの余裕が、一番大事なんです。

でも、「山下り」に出ているおばあちゃんにご家族が「水筒に水、入っているの？　おにぎり、持ったの？　靴は大丈夫？　ひも、ほどけてない？」みたいな心配をして面倒を見ようとすると、まず、本人にとって下山が楽しくなくなっちゃうし、ご家族にしても、「よたよたと山を下るおばあちゃん」の〝危うさ〟しか見えなくなってしまう。

そうじゃなくて、山を下っているおばあちゃんの視界を共に見つめれば、「おばあちゃんは今、結構自由な世界をそれなりに楽しく散歩しているんじゃないか」と、分かってくるんです。

**川内**：いいですねえ。

**佐々木**：おばあちゃんの下山には、仕事や家庭がある自分は付き添えないけれど、信頼できるガイドさんが両側に付いてくれている。補給や救護チームも待機しているから、崖に落ちたときどうするかというシミュレーション、病院に行くのか、それとも自宅でか、それだけ一緒に考えておけばいいんじゃないか、と。

だけど自分で計画的に山を登って登頂に成功した経験がある人は、下山をプロジェクトにして、計算しようとするんです。「おばあちゃんは寄り道したいと言っているよ」とか、「忘れ物を取りに行きたいらしいよ」とか言っても、なかなかうんと言わない。仕事で部下に注意をするように、「そこは危険だ」とか「忘れ物なんてなかったぞ」とか、言ってしまう。

――そしてPDCAサイクルをぶんぶん回して、もと来た山道を登らせようとしたりする。

**佐々木**：そこは右に回れとか、何で報告を上げないんだとか、そんな感じになっちゃったり、それをヘルパーさんにやったりするとヘルパーさんも萎縮しちゃって、「私たち、手を出せないんです」みたいなことに。

**川内**：そうです。その通りです。

――最後は「もう俺がやる」と自分でおばあちゃんをおぶったりとか。

**佐々木：** それは最悪ですね（笑）。おんぶしなくても下り坂は、もう勝手に足が進んじゃうんですよ。だからそのプロセスをみんなでそっと「おばあちゃん、楽しくやっているようだね」と見守るのがいい、本当はね。

**川内：** だけど、私たち自身がそういう経験をあんまりしていないですよね。

**佐々木：** そう、していないんです。

**川内：** 自分の人生の中で、下山を見守る、あるいは自分で下山する体験って、なかなかする機会がない。だから、急に「介護」という、はっきり言ってしまえば「人が死に向かっていく」という状況に向かい合うのが怖いし、向かい合ったときに登山の方法論で何とかしようとするんでしょうね。

## 家族に介護の責任を負わせない

**川内：** 僕は、親の介護を通して、「死に臨む」のはすごく本質的な体験だと思っています。そのときに、家族が、そして介護スタッフがよき伴走者になることができれば、ご本人もいい人生の終末期を過ごせるはずだと思うんですよね。これ、佐々木先生がおっしゃったことを言い方を変えて言っているだけですが。

**佐々木**：いえいえ。そのためにもまず、「家族に責任を負わせない」というのが大事じゃないかと思うんですよ。

「家族だから本人の代わりに意思決定をしなきゃいけない」とか「家族だから本人の代わりに動かなきゃいけない」という法律って、たぶん存在しませんし、「家族が本人の代わりに判断することを許可していい」という法律もないと思うんですよね。成年後見制度は別として。

**川内**：実はそうなんですよね。

**佐々木**：みんな独立した1人の人間ですから。「血がつながっている」という理由だけでその人が何かをやらなきゃいけないということはない、と知ってもらいたいです。もちろん、家族なんだから、一緒に暮らす仲間として介護をやってもいいよねという範囲はあってもいいと思うんですけれど、ただ、そういうことは、どっちかというとケアを困難にする。ここまで申し上げた通り、介護・医療関係者はそれをしばしば経験するんですよね。

**川内**：その通りです。

**佐々木**：そもそも介護保険制度って「介護を社会化しよう」というコンセプトで本当は始まったはずなのに。

**川内**：おっしゃる通り。家族がやるのは無理だ、という認識から生まれたものです。

**佐々木**：介護を社会化するはずが、現状は、「親孝行」というイメージや社会的な圧力から、何となく中途半端に家族が関わっています。家族が中途半端に影響力を行使し、そのため中途半端に負担もかかる。介護離職もまだまだたくさんあるし、だいぶ減ったとはいえ介護にまつわる虐待とか悲しい事件だってやはり起こっている。ちゃんと振り切って「1人の他人」として家族も関わりたいなら、それはそれでありだと思うんですけど。

――家族の立ち位置が不明確だから、「親孝行の呪い」もなくならないのかな。

**川内**：子どもは、元気なときの親を知りすぎていることによって、振り回されるんです。介護本が言う「（認知症の人の）行動の背景を理解」することができたとしても、「でも、なんでこんなことになっちゃうの？」という、自分の感情は抑えられない。頭で分かったとしても、気持ちが納得できない。そこに家族は苦しむんです。

――なるほど、理屈が分かったら腹が立たないかといったら、そういうわけにはいかない。だったらどうするかといえば。

**川内**：そう、距離を取るしかない。距離を取って、納得できない現実を見ないようにする。会う時間を減らす、離れた場所にいるようにする。そのために必要なら公的支援を使う。

**佐々木**：より安全に、より楽に、認知症の人もより穏やかに過ごせる、という方法論はもう確立されているんです。だけど、「家族だから」と、専門職より高い優先順位で入って我流のケアをやってしまう。おかげでケアの専門職がもっと大変になる、という状況も存在しています。介護のチームづくりの中での、家族の役割をすっきり、分かりやすくすべきだと思います。

## 介護の専門性は医療よりも高い

**佐々木：**介護の専門性とは何なのか、言葉にしろと言われたら、「医療によって機能が回復できないというステージにおいても、最期までその人の生活が継続できるようにサポートできる」なんですよね。「高齢者福祉医療の3原則」が1982年にデンマークで提唱されています。この「生活の継続」、そして「本人の選択の尊重」「残存機能の活用」。

残存機能というのは、できることはやってもらうというニュアンスを感じられると思うんですが、そうではなくて、「その人らしさが発揮できる生活環境を整える」という意味だと僕は思うんです。これらは高度な専門性が求められる仕事で、医療よりもよっぽど専門性が高いんですよ。

――医療よりも、ですか。

**佐々木：**だって「医療」って、病名が付いたら、あとはもう、プロトコル（手順）に従って治療するだけなんです。だけど「生活」は、その人のこれまでどんな場所でどんな暮らしをしてきて、これから先どう暮らしていきたいのかをきちんとキャッチした上で、その人の強みをアセスメント（評価）して、その人らしさを熟知し、最適な環境を個別につくるんですよ。
体がケアできているのは大事だけど、同時に個人因子だけじゃなくて、環境因子を合わせて見なきゃいけないのが、医療にはない仕事なんですね。
——いや、それは聞いただけでもめちゃめちゃ大変ですね。
**佐々木**：お分かりと思いますが、これはすごくハイレベルなお話をしています。ここも含めてちゃんとできる介護職が日本に増えると、たぶん独居高齢者はみんなハッピー。
**川内**：そうですね。
**佐々木**：そして、それを実現できる社会制度に今の介護保険制度は残念ながらなっていません。本人の意思決定を支援する仕組みもできていないんですよね。家族と医者の関わる範囲が大き過ぎて、家族の価値観と医者が付けた病名で物事が決まってしまうことが多い。
——介護専門職はその決定をこなすのに精いっぱいで、本来の目的に割くリソースがなくなる。
**佐々木**：そう。家族の発言力が大き過ぎるのと、医療が介護の上に出しゃばり過ぎているというのはありますね。医者が認知症と言っているから、もう家にいるのは無理なんじゃないかとか、心不全だから食事を塩分制限しなきゃいけないんじゃないかとか。「治療のために生きている」人がたくさんいますよ、日本のケアの現場に。

――そこで『年をとったら食べなさい』とつながってくるわけですね。

## お年寄りと若者では治療への考え方が変わる

**佐々木**：そうそう。だって治療って、よりよく生きているための道具の一つにすぎないはずなのに、治療のために自分の生き方を制限しなきゃいけない人がたくさんいるわけです。

先に断っておきますが、これは高齢者の話ですよ。今、30歳、40歳の人が高血圧だというなら、治療しなきゃいかんと思いますよ。ちゃんと治療したらあと50年、60年生きるから。だけど85歳とか90歳では、いまさらでしょう。ちゃんとやったってそんな変わらんでしょう。

**川内**：ですよね。

**佐々木**：「ちゃんとやったって、そう変わらんよ」って、医者が堂々と言えばいいんだけど、医者の多くはアホですから、「これは病気だからちゃんと治療しなきゃダメですよ」「何で出した薬を飲まないんですか」というアプローチを、高齢者の方に対してもするんですよ。

――どうしてそうなるんでしょうか。

**佐々木**：今の医療の体制は、基本的に若い人を治療するためにつくられているものだからです。

そもそもお年寄りは病気じゃないんですよ、老化なんですよ。

――ああ。

**佐々木：**高血圧も不眠症もみんな老化なのに、これに病名を付けて治療して診療報酬をもらうのが、お医者さんの商売になってしまっているんだと思っています。

ですから医者の考え方も変わっていかなきゃいけないし、家族も変わっていかなきゃいけないし、その上でやっぱり介護職ももうちょっと誇りと自信を持って「ご家族の気持ちは分かりますけど、ここは私たちに任せてもらえませんか」と、現場で一言、主張していただければと思います。

**川内：**言いたいことを言いすぎて、訪問介護先に出入り禁止になった若い日を思い出していま す（笑）。

――出禁はまずいですね（笑）。

**川内：**いや、やり過ぎだったな、もうちょっとちゃんとやるべきだったなと思うんですけど、とはいえ、ご家族が言っていることに何であんなびくびくするんだ、自分の専門性をどこに置いてきたんだよと、言いたくなることが時にあります。

**佐々木：**ご家族の側も、介護保険の上手な使い方とか、自分たちが関わらないほうがハッピーになれる可能性が高いとか、この辺をエビデンスとして知ってもらうというのは大事だと思います。

## 「それでもたばこをやめない人生」はアリか

**川内**：今の佐々木先生の話を聞いて思い出したんですが、訪問入浴をしていたときに、在宅で酸素吸入をして、しかもたばこを吸っている人がいたんですよ。

**佐々木**：前髪の焦げるやつですね（笑）。

**川内**：そうそう（笑）。

**佐々木**：ＣＯＰＤ（慢性閉塞性肺疾患）の方ですか。

**川内**：その通りです。それでも「俺はたばこ吸わなかったら死んだほうがマシなんだ」と言っていて。「だけど呼吸が苦しいですよね？」「苦しいに決まっているだろう」「やめないんですか」「やめるわけねえだろう。風呂上がりの一服が最高なんだ」と。でも火事になっちゃいますから、寝たばこだけはやめましょうね、とお願いしたんです。そういうことがもっと許されたらいいのになと思いました。

――えっ、ダメダメじゃないですか。

**川内**：健康上はダメダメですが、たばこを吸う姿は実にその人らしいんですよ。

――そういうものかなあ……。

**佐々木：**いや、何でそこで不摂生したらいかんのか、僕には分からないんですよ。

例えば編集Yさんが今、重度の糖尿病で、「もう私、血糖値なんてどうでもいいんです」と言ったら、僕はたぶん時間をかけて説得して、ちゃんと生活を改めたほうが、きっとあなたは幸せになれる可能性が高いですよ、と訴えます。自己決定は尊重されるべきだと思うんですけど、でも、自己決定するためには「ここから先、それをしたらどうなるのか」という情報が必要だと思うんですよね。

さっきもお話ししましたが、これが在宅医療の対象のご高齢の方だと、変な言い方ですが、まあ、何をやってもそんなに変わらないんですよ。COPDの人はたばこやっても、やらなくても残されている時間はそんなに変わらないですよ。火事が起これば分からないですけど。

肝硬変だからお酒を控えた人と、肝硬変でお酒を控えなかった人と、予後は違うのかというと、たぶん在宅医療が必要なレベルにまでなっていると、もう変わらないんですよ。なので、僕は「どちらでもいいですよ」と。

――それ言っちゃうんですか。

**佐々木：**「まずはあなた自身が、どういう人生を生きたいのかということを理解して、それを周囲にちゃんと伝えましょう。それが決まれば、その生活をより安全により長く楽しめるように我々が考えます」と言います。「お酒を飲むという前提だったらその前提で治療も考えます。ただ、治療はあなたの命を延ばすためではなくて、あなたが快適に暮らすためにやることだから、もしかしたら薬は減っていくかもしれないし、新しく薬も始まるかもしれないけど、命を延ばすためにやるわけじゃないですよ」と。

――寿命が縮むかもしれない？　それは困る、と言われたら……どうするんですか？

**佐々木**：ああ、それは簡単です。命を延ばしたいんだったら、酒はやめるよね、と。

――な、なるほど（笑）。

**佐々木**：申し上げたように、正直なところやめてもやめなくてもそれほどの差はないんです。だから、ここで話しているのは「優先順位」ですよね。

**川内**：はい。

**佐々木**：人生の最後の納得感というのは、100点満点の模範解答の人生を生きたかどうか、ということではなくて、どれだけやんちゃができたかというところに、たぶんある。「俺は、俺らしさを、ちょっと貫いちゃったよ」という、軽いかもしれないけれど、その人のちょっとした誇りなんですよね。「最後の最後まで医者に言われた通り、言うことを聞いて、まじめにやりました」ということに誇りを感じる人もいらっしゃると思うし、それはそれでいいと思います。

――その意味でたばこもアリなのか。

**佐々木**：川内さんがその方に感心されたのは、多くの人はやっぱりやりたいことを我慢して暮らしているからだと思います。でも、介護が始まる人たち、特に在宅医療に入る人たちは、山をかなり下りてきたわけです。それならやっぱり、ここから先の人生の下山計画をわくわく楽しく立てたらいいと思うんですよね。

## 最後に温泉、行っちゃいますか？

**佐々木**：ACP（アドバンス・ケア・プランニング）だと、「最期は病院がいいですか、それとも老人ホームがいいですか」とか聞くわけですが、そんなものは余計なお世話です。どんな生活をしたいのかというのが分かれば、どんな医療が必要かというのはおのずと分かるわけですから、聞くべきは、どんな生き方がしたいのか。「たばこ吸う？　お酒飲む？　もしかして旅行に行っちゃう？　温泉に入っちゃう？」とかいろいろ考えて。

――なんと、温泉もアリなんですか。

**佐々木**：もちろん状況によります。「温泉ね、分かった。じゃあ、覚悟は決めてよね」くらいのことは言うかもしれません。そこで心臓が止まっても、救急車はないよ、僕が行って看取りはするけど、と。

**川内：**覚悟を決めて生きてもらう。

**佐々木：**どういう生き方がしたいかが決まれば、医療やケアはおのずと決まるし、逆に医療やケアに何ができるか分からないのにどんな医療やケアを受けたいかなんて、考えさせる順番が違いますよ。

お父さんと元気なうちから対話をして、お父さんの人となりが何となく理解できていれば、改めて聞かなくたっておのずと分かることも多いはずなんです。お父さん、猫が大好きだよね、盆栽の世話はしないと怒るよね。じゃあ、最期まで猫と過ごさせて、盆栽の世話をさせてやるか。これで終わりのはずなんですけれど。

――お二人の会話を、そこまで突き抜けていない自分が聞いていて今思ったのは、自分の中に「間違えるのが怖い」という気持ちがあるんですよ。

**川内：**なるほど。

――お父さんはこうだと思ったから自分はこうした、でも「俺は本当は別のことがやりたかったんだ」と思っていたら取り返しがつかない、どうしよう、みたいな。

**佐々木：**そうですね。これは皆さんがはまるトラップなんですけど、間違えたらどうしようって心配する必要はないんですよ。だって正解か間違いかなんて誰にも分からないんですから。

――あ……まあ、そうかもしれませんが。

**佐々木**：そうです。だから、「あなたは『やらかしちゃった。お父さん、悲しい思いをしてるだろうな』って思っていらっしゃるかもしれないけど、でもあのときこの選択をしなかったら、もっとお父さんは悲しい思いをしていたかもしれませんよ」という仮説も成り立つんですよ。

――正解がないんだったら、そうですね、かもしれないですね。

**佐々木**：正解はないんだという前提で考えると、どこにそのアウトカムを置くかで回答が変わるんですよ。僕は、プロセスが大切なんだと思います。「答えは分からないけど、いろいろ考えてみると、これが一番お父さんが納得するんじゃない？」という答えにたどり着こうとする過程ですね。

**川内**：そして、「判断を間違うかもしれないから、とにかく生きていてもらおう」というのが、一番悲しい選択じゃないかと思います。

――ああ。「正解が分からない」から、いつまでも判断を引き延ばすんでしょうね……。

**佐々木**：ただ長く生かすんだったら、それは病院で点滴ですよね。でもお父さんの納得感を優先する、というんだったら、最後にみんなでもう1回、お伊勢参りだよね、とか、それで人生の最終局面が変わるじゃないですか。間違っているかもしれないけれど、お父さんはどういう方向で何を評価して納得するのかという、ご本人の優先順位を一生懸命考えることが大事だし、残される子どもにとって、すごく貴重な時間になると思います。

**川内：**そのために、親の介護から距離を取って、親が望んでいることにピントを合わせた関係性が維持できたら、親が親らしくというか、その人らしく生きていく姿を見ることができる。それって、私たちにとってはすごく大きな学びだったりとか、勇気づけになるような気がするんです。

## 親からの最後のプレゼント

**佐々木：**いや、その通りです。僕らは「命をつなぐ」とよく言うんですけど、親の最期の生きざまというのは、親からの最後のプレゼントだと僕は思うんですよね。

**川内：**そうです。そう思います。

**佐々木：**親からの家族への最後のプレゼント。そこを我々専門職が、あるいは子どもがモディファイしようというのは、これはやっぱり親の尊厳を傷つけるものですよね。お父さんはどうやって生き切るんだろうか、お母さんは最期までどうやって生きるんだろうかというのを、そっと見ていることが重要です。

手を貸してくれと言うんだったら手を貸すし、放っておいてくれと言うんだったら放っておおくし。でも放っておいてくれと言いつつ、たまには構ってくれというんだったら時々電話して、「お父さん、放っておけと言うけどちょっと放っておけないから電話したけど」「うるさい、放っておけ」みたいな感じで砂をかぶりつつ、お父さんをサポートするという。

——そうしてもらえたらお父さんは幸せだろうなぁ。

## 言葉に振り回されるようでは専門職と呼べません

——でも、専門職はちょこちょこ本人や家族からの理不尽な怒りの対象にされますよね。

**佐々木：**ええ、僕ら在宅医療の関係者も、患者や家族から怒りをぶつけられることはありますよ。先生には分からないでしょう、そんな元気そうでいいわよねって。でもそれは私たちに怒っているんじゃなくて、運命に対して怒っているんですよね。

**川内：**言葉に振り回されているようでは、専門職とは呼べないです。「あなたは何を思っているんですか」ということを、こちらからちゃんと問いとして投げられないならば、私たちはAI（人工知能）に取って代わられても仕方ないわけです。

**佐々木：**そうなんですよね。言葉通りに処理するんだったらチャットボットでいいんですよ。「お前の顔なんか見たくない、二度と来るな」という言葉を、「俺が困っていることを、どうして分かってくれないんだ」というメッセージだと理解できるかどうかということだと思うんですよね。言語的コミュニケーションって本当に表面的なもので、相手のまなざしの向こうに助けを求めるSOSが見えるかどうかというのは、すごく重要だと思います。

ただ最近は悲しい事件もあって、リスクマネジメントの観点が入ってくるので、それが本質的な解決を遠ざけちゃうということもよくあります。難しいですよね。

―― しかし、そんなしんどいところに、どうして真正面から立とうと思われたんですか。

**佐々木：**どうしてなんでしょうね。なぜこの仕事をするかを考えるなら、自分たちが何のために仕事をしているかということに立ち返ることが大事だと思うんですが、最近の医療はどっちかというとテクノロジーを行使することが目的化していて、da Vinci（手術支援ロボット）を使って手術しましたとか、内視鏡で30例治療しましたとか、症例を集めることが目的化しているお医者さんもたくさんいるんです。

そうすると、患者さんは目の前の1つの事例になっちゃうし、診ているのは患者ではなくて患者の胃袋だったりする。一方、僕らの場合は、目の前の人を何とかしたいという気持ちからこの仕事に入っていると思います。

―― だから、八つ当たりとしか思えないような言葉でも「SOSだ」と受け止められる？

**佐々木：**だってそれはコミュニケーションの形なんですよ。怒鳴る、怒る、皿を投げるのも、これは非言語コミュニケーションですよね。それも含めて目の前の人との会話です。

――そう思えるものですか。

**佐々木：**思えますよ。逆に言えば、病院だとすべては言語的コミュニケーションで処理されるんです。痛いのはどことどことどこ。それに対して診断をしてこれが決まったので、じゃあ、これをやりますけどよろしいですか、合併症に対してはこういうプロトコルで同意書にサインを。サインをしたら、あとはプロトコル通りに動いて、あ、合併症が起こった。ごめんなさいね、運が悪かったですね。これってもうそこに、僕という人間は必要ないんですよ。

――フローチャートの上をがーっと流れていくみたいですね。

**佐々木：**フローチャートなんですよ。一方、在宅医療はフローチャートでは対応できないことが多い。その代わり、その人の魂も含めてその人全体をアセスメントさせてもらえるし、「この病気だからこの治療」というガイドラインに縛られる必要がないんですよね。

## ゴールはない、あるのは「納得」だけ

**佐々木：**そういう意味では「この分野のほうが面白い、やりがいがある」と思うお医者さんは一定の割合でいるんですよ。僕らの場合は医療技術で患者をねじ伏せることはできないけれど、

患者さんたちの言葉をきちんとキャッチして、真のニーズをつかむことができれば、何をすべきかが明確になるので、最短距離で患者さんを救済できる。

　もちろん、この人が何に困っているのかが分からないと、みんなで苦労して傷つけ合って、結局みんな傷ついて終わるみたいなこともやっぱりあるんですけれど。

**川内**：でも、いいんですよ。その人の気持ちに向き合おうとしたその時点で満点。そもそも正解を見つけなきゃいけないという考え方が、介護ではちょっと違うんですよね。

**佐々木**：そう、ゴールとか成功とかいう概念はないんですよ。そこにあるのは「納得」だけ。「ああ、よかった」と思ってもらえればそれでいいんですよ、あえて言えばそれが正解。だって、人はどうせ死ぬんですもん。

――うわ、でも、そうですね。

**佐々木**：でしょう。医療の世界では、急性期（病気、けがの初期）で死んでしまうというのは最大の失敗ですけど、在宅医療の場合はよりよい形で旅立てるというのが成功なんです。

　何がよりよいかはその人にしか分からない。突然死が一番いい人もいれば、最期は病院に行きたいという人もいるんですよ。我々が模範解答を押し付ける必要はまったくない。その人がどうしたいのかというのをみんなで見ながら、できる範囲で実現できるように、ちょっとずつね。予想外のこともちょこちょこ起きますし、それも含めて人生だから、そのプロセスも楽しもうと思えるぐらいゆとりのある支援ができるといいんじゃないかと思います。そんな、ぎゅうぎゅうしなくていいんですよね。人は、健康でいるために生きているわけじゃないんです。

実は佐々木先生のファンで、本も読んでいました。でも、ここまで柔らかく高齢者に寄り添ってくれている方とは思わなかったです。医療の世界に生きる人が、介護についてこんなに深く考えているのか、と驚き、もっと私たちも頑張らなければとファイトが湧きました。

最初は緊張していたのですが、お話をするうちに肩の力がどんどん抜けて、安心できて、楽な気持ちになったのを覚えています。自分は介護の〝常識〟とは違うことを主張しているので、こう見えて悩むこともあるのですが、佐々木先生は自分の先を走ってくださって、「それでいいんだ」と引っ張ってくれたように思えます。人は健康でいるために生きているわけじゃない。そして「介護を受けるために生きている」わけでもない、と、改めて思いました。

「夫が親の介護に苦戦しても
妻は手を出さずに
聞き役に徹するのがいいです」（川内）

「えっ？
苦労話を聞いてあげなくちゃ
いけないいんですか？」（M女史）

# 「勝ち組夫」の介護への暴走、妻はどう止める?

50代キャリアウーマン

## M女史

編集Yの長年の悪友。なかなか堅めの家庭に育つが大学卒業後は「社命なんで仕方なく」と正当化して海外あちこち放浪系。ばらばらな職種で海外勤務を続けるも、「そろそろ親も心配だしな」と日本に帰国。結婚・出産もしてみたものの、生来フラフラする気質のため、それなりに働いてはいるが転職多く、結局親を心配するより親に心配され続けているが余計なお世話だと思っている。写真は海外出張中のスナップ(当然ながら左)。

介護・看護を理由とした離職者数は、女性の比率が圧倒的に高いのです。2020年厚生労働省「雇用動向調査」によると介護離職者は約7万人、うち働き盛りの30～50代が3万9000人なのですが、この年代で比較すると男性約7000人に対して女性は約3万2000人。60代以上を加えるとさらに差が開きます。

女性が、親（夫の親含め）の介護で離職することを避けるために『親不孝介護』の考え方はちゃんと役に立つのだろうか。働く女性で本音を語ってくれそうな人に読んでもらって意見を聞こうと、知人でめっちゃ仕事ができるビジネスパーソンかつお子さんもいる女性、Mさんに本を送りつけ、率直な感想を聞いてみることにしたのでした。そうしたら、「この本の話は、運が良かっただけじゃないですか？」という、予想以上に率直な感想が返ってきて……（汗）。

●

──（編集Y、会議室のドアを開けつつ）いやいやすみません！　Mさんも川内さんもコミュ力抜群なので、このお二人なら大丈夫かな、と、お待たせしてしまいました。

**M女史：**いえいえ。お話しして分かったんですが、川内さんは私がもともとよく知っている、仕事も一緒にさせていただいていたことがある会社のご出身で。

──え？

**川内：**ということが判明しました。在職していた会社の名前を出したら、「ああ、よくお仕事をさせていただきました」とMさんが。

――川内さんが介護職に転職する前に新卒で入られたのは、確か外資系のコンサル？

**川内**：うん、×××という会社です。当時のことを思い出すと今でもちょっと吐き気がするぐらい、とにかく忙しかったですね。

**M女史**：×××社の方たちってだいたい来るメールのタイムスタンプが1時ぐらいで。午前の。

**川内**：ひたすら会議と資料作りと、あと国内海外の出張に行って、何だったんだろう、あれ。

――思い出している川内さんの顔がみるみる死んでいく（笑）。

**M女史**：なのでそこご出身かと思ったら、いきなり親近感が湧きました。介護の世界だけの人ではなくて、私がよく知っているタイプというか、バリバリ仕事した経験がおありの方。これは話が早そうだな、と思いました。

――本題に入りますと、爆笑問題の太田光さん、ブリヂストンの人事の担当の方、在宅医療の佐々木淳先生と、いろいろな方と川内さんに介護を題材にお話をしていただいたんですが、こちらが取材を受ける機会もあるわけです。

その中で、女性向けのメディアの方から出た質問で、「夫が自分の母親の介護に、まさにこの『親不孝介護　距離を取るからうまくいく』に書いてあった〝親孝行の呪い〟に掛かって暴走しそうな気がします。どうやって止めたらいいんですか」というのがありまして。

**M女史：**おおっ。

――男性である私たちからすると、虚を突かれる視点だったんですよね。自分が親の介護に「親孝行したい」という気持ちで暴走しないように「親不孝介護」でいこう、とは考えましたけれど、自分以外の家族が暴走する可能性までは考えが及ばなかった。そこで、今日はバリバリ働いているビジネスパーソンにして高校生のお子さんもいらっしゃる主婦、Mさんをお呼びして、「親の介護に暴走する亭主」をどう止めるかについて考えてみようと。

**M女史：**私、主婦かな？

――いや、主婦ですよね。

**M女史：**主婦という自覚はあんまりないかな。

――自覚なき主婦をお呼びしてしまった。

**M女史：**でも今おっしゃった「夫の暴走」は、まさに私が『親不孝介護』を読んで思ったことだったんですよ。

――あ、本当ですか。

**川内：**配偶者が親の介護に暴走するのでは、という不安はやはりあるんですね。

**M女史：**はい、ただ、その話をする前に、この本について一番私がわだかまったところを言ってもいいでしょうか。

——え、わだかまったんですか（笑）。

## これって介護偏差値の高い人の話じゃないですか？

**M女史：**それは、この本のYさんの話がベストプラクティスにまみれているところです。これってそもそもすごく出来がいい一流会社の正社員の人の話ではないかと。安定した職業を持っている、成功した人、失敗体験がない。だから余計に、育ててくれたお母さんが好きでたまらない。成功者であり、親子の関係がすごくいい男の人の介護体験記ではないのかと。

——えっ。

**M女史：**そして、子育て経験はどうもあまりなさそうな。まとめると、家族間での理不尽な経験をしたことがない、安定した終身雇用の会社にいる男の親の介護話である。

——つまり人生あまり苦労しないでやってきたやつの話だろう、ってことですか？

**M女史：**そう、そう。しかも社会人として「ちゃんとして」いる。備えあれば憂いなし系のしっかりした方である。介護に当たる息子としての偏差値がすごく高い人。

——そうかな、そう見えます？

**M女史：**見えます。Yさんは介護偏差値70ぐらいで、お母様は被介護偏差値が78ぐらいある。

こんな超ウルトラエリート介護世帯の話を聞かされてどうしましょうかと思った。

**川内**：なるほど。そう感じられたんですね。

――「たまたま、好条件に恵まれた人の話を聞かされてもね」ということでしょうか。たぶんMさんと同じようなことを感じていらっしゃる方は、Twitter（X）でもアマゾンのレビューでもお見受けします。

## 夫を羽交い締めにして止めるために

**M女史**：でも、だからこそ、「日経ビジネス」を読んでいるような「よくできる夫」を持つ妻だったら、夫が「大好きな母親の介護を自分でやる」という、〝親孝行の呪い〟にのみ込まれていくということは、実は「ありがちなパターン」だろうなと思うんですよ。

**川内**：そうですね。その通りです。いいお母さんに育てられて、社会的にも一定の成功を収めた「いい息子さん」ほど、「大事な母の介護は、自分が関与しないわけにはいかないぞ」と考えてしまいます。

**M女史**：なので、それこそ夫を羽交い締めにして、「あんたが出ていってもろくなことないから、未経験のことはプロに任せなさい、どうしてかを知りたければ、この本をまず読みなさい」と止めるために、『親不孝介護』は本当に役に立ちそうだと思いました。特に会社員の夫を持っている妻にとって、この本を「日経」というブランドから出していただいたことは、すごくありがたいと思います。

**川内**：確かに。日経、会社員には説得力がありますよね。

――日経、というか、後ろに「BP」って付くんですけど。ところで、そういうMさんの夫の方《かた》は、お母様とはどんな感じなんでしょう。

**M女史**：私の夫もさっき言った「成功した息子」で、見ていると「こまめに母親に気を配っているわなあ」と。

――そうなんですか。

**M女史**：夫の母親は遠方にいるんですけれど、1週間に1回は電話をして、ちょこちょこ帰り、気遣っています。私と、私の実母とのよそよそしい電話と全然違う、情愛あふれる感じの会話をしていて、私は聞きながら、「ちっ」と思っているわけなんですけど。なので、私の夫がこの『親不孝介護』で描かれていた、「できるビジネスパーソン」がハマる道に入っていく可能性は、非常に高いなと思っています。

――いくつか聞いてもいいですか。

**M女史**：もちろんです。

――夫に、自分の親に対して、同じようにしてほしいと思います？　うちの親にも同じように細やかに気を使えよ、みたいな。

**M女史：**いや、思いません。面倒くさいから間に入ってくれないほうがいい。

――自分とお母さんの間に夫は入らないほうがいいと。では「夫が普通の親孝行だと思ってやっていることは、妻からはこう見えていますよ」というところを教えていただけませんか。さっき「ちっ」と一言でおっしゃいましたけど、何で「ちっ」と思うのか。

**M女史：**「ちっ」と思うのは、よくできた親子関係への嫉妬ですよ。「ああ、こうやって夫は本当に何の失敗もなくここまで来て、大きな失敗は私と結婚しちゃったことくらいだなあ」という（笑）。なので、それを見ていると、ちゃんと育てられてきて、そんなに確執もなくお母さんと息子の関係が育まれていて、情愛に満ちた、愛情に満ちた言葉を掛け、お母さんからも愛情に満ちた言葉が息子に渡っている。それに対する嫉妬。だから「今はいいですけれど、何か失敗したら、きっと余計にきついですよ」と思いながら見ています。

## 「息子さんの初めての挫折が、私との結婚です」

**M女史：**私は義母に、夫と結婚するときに、「うちの息子はこれまで挫折したことがないから、しっかり見ていてやってくれ」と言われて、「いや、それは無理ですよ、お義母さん」と言ったんですよね。そんな保証なんてとてもできない。

——言ったんだ。

**川内**：いいね。いいと思います。

**M女史**：何なら私と結婚したことが息子さんの初めての挫折です、と。

——そこまで言ったんだ。

**川内**：素晴らしいですね。

**M女史**：別にフォローでもなんでもなくて、夫も、義母も義父も、とても穏やかかつ健やかに人生を送ってきた人なんです。私と結婚したことが挫折、と言いたくなるくらい（笑）。だから、挫折にもコンフリクトにも慣れてないだろうなと思うので、さあどうなるのかなという。

——Mさんが「大きな挫折を知らずに生きてきた」と私と母のことを言いましたけど、それと同じように、自分のお母さんが要介護の状況になったら、Mさんの夫もかなりしんどいんじゃないかなと。

**M女史**：しんどいんじゃないかなと思います。うん。夫はたぶん、人生はコントロールできるもの、と思っている人なので。

——ああ、それはやばいですね。

**川内**：うん。無理です。コントロールできないことを思い知らされるのが育児と、そして介護ですよね。

**M女史**：『親不孝介護』に書いてある、自分で親の介護プランをあれこれ考えてどつぼにハマるタイプ、まさにこれじゃないかなと思っています。自分がやるべきこと、親にやらせること、いろいろなことをエクセルに書き出すタイプだと思います。

**川内**：あ、いらっしゃいますね。エクセルで進捗状況を確認しながら進めていく。

――なるほど。仕事ができる人っぽい。

**川内**：アンコントローラブルなことに慣れていない、というか、許せない感じの。

**M女史**：うん。ただそれなりに子育てはやってきているので、アンコントローラブルなことが世の中にあることは分かっている。けれども、たぶん親子関係でアンコントローラブルなことがあるというのを想定できていない。自分の親との関係で。

――なるほど。

**M女史**：そういう大人の男性はきっとたくさんいると思います。川内さんが介護相談に乗っている、ブリヂストンさんや電通さん、コマツさんのような、名前が通っている企業に入っている方々は、親の介護を迎えるまでひどい失敗はそれほどしないで、会社員人生を送ってきているわけじゃないですか。

川内：多くの方はそうでしょうね。

M女史：大失敗したことのある人はそうはいないですよね。

——え、そこまで言いますか？　私、新雑誌を潰すとか、これで結構やらかしていて、つらい目にも遭ってるんですけど。

## ガチで勝ち組会社員とその妻向けの本ですよ

M女史：いやいや、入ってからいろいろあったかもしれないですけど、親の介護が必要な年代になるまで大企業で勤め上げているということは、致命的な失敗はしてないということですよ。

——痛いところを。

M女史：だから、この本はガチで勝ち組男性と、その妻向けですよ。

——そんなこと思ってもみませんでした。

川内：いい表現ですね。見ている限り、勝ち組男性の人たちほど、親の介護はうまくいかないですよ。

M女史：そうでしょうね。

川内：大きな失敗をした経験がある人、挫折したことのある人のほうが柔軟に親の状況に合わせた介護ができますよ。

――そういえば「リストラ経験者の人はおそらくうまくいく」と本でも川内さん言ってましたね。

**M女史**：うん。だからこの本はたぶん一生勝ち組でいたい人のための本ですよね。「仕事でうまくいったから、介護でもうまくやりたい」という。

――ほんと次から次へと嫌なことを言いますね（笑）。

**川内**：うまくやってきた仕事の常識を書き換えないと、親の介護はうまくいかない。でも成功体験から抜けるのは難しい。その常識の書き換えが、常識の真逆の「親不孝介護」だ、ってことですね。

――あれ、なんかうまいことまとまりましたけど。つまり、親の介護に暴走しがちな夫にブレーキをかけたいなら、「仕事の成功体験は、介護では真逆に作用する」というロジックをのみ込ませて、「あなたの勝ち組体験が、親の介護では敗戦につながっちゃうのよ」と理解してもらうことが重要で。

**川内**：はい、私が企業さんに行って社員の皆さんにご説明しているのは、まさにそういうことです。「これまでの勝ち組パターンを書き換えましょう、仕事のやり方を介護に適用したら自滅します」とお伝えしているわけですから。

――川内さんは「優秀なビジネスパーソンほど、失敗するのはなぜだ」と考えて、ここにたどり着いたわけですもんね。勝ち組、って言い方はちょっとアレですが、うーむ。

## 娘は「母親と距離を取りたい」と思う

**川内：**もともとできる人なんですから、価値観を変えられればうまくいくケースが多い。

**M女史：**ですね、それはよく分かります。なので、成功体験に支えられ、親との関係も良好な夫を持った女性が「親の介護は、あなたが出る幕じゃないのよ。頭を切り替えなさい」と理論武装するには、最高の本だと思います。この本の広告を出すなら家庭欄よりビジネス欄、媒体は、仕事ができるビジネスパーソンが読んでいる、日経新聞ですよ。

――むむむ。ところでMさん、女性自身にとってこの本はどうなんでしょう？　役に立ちそうですか？

**M女史：**女性が自分の親に対してということですか？

――そうですそうです。

**M女史：**うーん、「母と娘」と「母と息子」とでは、母親との距離感に違いがあるんじゃないでしょうか。たぶん娘は、正確には「私は」ですけれど、息子ほどお母さんをそんなに好きじゃないと思います。少なくとも私は、「なるべく実家に足を向けたくない、距離を置いておきたい」と思っていて、これが娘と母のよくあるパターンじゃないかなと。

**川内：**なるほど。

――ということは女性はわりと自然に「親不孝介護」ができている、もしくはできやすい？

**M女史：**いや、そうでもないですよ。例えばこの本で、包括（地域包括支援センター）に「親を抜きにして相談しに行っていい」という話が、私にはすごく刺さりました。

なぜかというと「親と距離を取りたい、でも具体的にどうすればいいのかが分からない」んですね。というのは、いつも娘の背後には母親が〝がしっ〟とかぶさってくるものなんです。で、それは嫌なんだけれど、母親の存在を抜きにして物事を考えるのがなかなか難しい。

――「母と距離を取るための動きを、お母さんに了解を取らないと始められない」みたいな。

**M女史：**そうそう。なので、『親不孝介護』を読んで、当人の了承がなくても相談をすることができる、というのは、ものすごくありがたい情報で、私も相談しに行こうと思いました。

**川内：**よかったです。

**M女史：**親との関係や距離感は人によって様々なので、私の場合は、ということです。

――お断りをありがとうございます。この先もそういうことでご了解をお願いします。で、Mさんのお話でも、わが奥様を見ていても、母親との距離感が息子の自分とは違うな、ということは分かるんですが、もうちょっと具体的に言うと、どう違うんでしょうね。

**M女史：**夫を見ていると、母親と息子って両方とも寄っていこうとするんですね。だけど、母親と娘だと、母親の側はそれほど意識してないんだけど、娘の側は「私をコントロールしようとしてくる」みたいな恐怖感があって距離を取りたい。そんな感じかな。

――どちらかというとお母さんのほうがぐいぐい来る、もしくは、来るんじゃないかというプレッシャーを、娘のほうが感じている。

**M女史：**分かった、私の母への気持ちを表すとしたら、汚い言葉ですけれど「うざい」です。今、うちの母が80代後半で、一度倒れたこともあって、心配は心配なんですけれども、うざいんですよ、親が。めちゃくちゃうざくて。

――えー。

**M女史：**ちなみに私は2日前に、ちょっと仕事が煮詰まったのでワーケーションに行ったんですけれども、高校生の息子に言い残したのは、「おばあちゃんから電話が来たら、今日帰りが遅くなるからと言っておいて、絶対泊まると言わないで」と。泊まるってばれちゃったら、「未成年の子どもを放ったらかして何やってんの」ってすごくおばあちゃんに怒られるからと。

――高校生のお子さんにそんなことを頼んだんですか（笑）。

**M女史：**子どもに「子どもか」と突っ込まれて、「ええ子どもだよ」みたいな。それで口止め工作として2000円払ったんですけど。

――金で解決したんですね（笑）。

**M女史：**世の中、金次第ですよ。それぐらいまだ何となく親とぐちゃぐちゃした感じがある。でも、母親のことは心配なんですよ？　息子の面倒も見てもらっているし、すごく恩義は感じているので、何とか遇したいんだけれども、今の距離感は保っていきたい。

――恩義は感じている、でもうざいんですね。

**M女史：**うざいんですよ。

## 母親の「娘」と「息子」への意識の差

**M女史：**サンプル数は少ないけれど、自分の周りの女性は結構みんな同じことを言っていて。ほら、通販で「今なら2個で1個分のお値段」ってあるじゃないですか。母はそれで2個買って、必ず1個がうちにやって来る。この間もずわいがにが箱で来ました。いらないと言っても押し付けられる（笑）。

――羨ましい気もしますが、えーと、それは、息子にはあげないと思います？

**M女史：**あげないと思います。だって、好きでいてもらいたいから。息子には「好きでいてもらいたいから、愛情の押し付けはいたしません」というぎりぎりの配慮が働くんじゃないかと。

――へー。

**M女史：**母と娘は、たぶん。お互いに「面倒くさい」と思っているんだけれども、どうしても離れられない。愛もあるんだけど、そこに支配も混じっている、みたいな。うまく言えなくてごめんなさい。何でこんな話になっちゃったんですかね（笑）。

**川内：**いや、結構大事なところだと思います。介護は夫も妻も、そして親も含めた家族のマネジメントじゃないですか。それぞれのメンバーが物事をどう感じているのかを理解できるなら、絶対そのほうがいい。

**M女史：**じゃ、調子に乗って続けますね（笑）。（母親に）いつまでたっても支配されている感じ、というのは、中高時代の友達と話していても、ほとんどみんな一致して言っているので、それは似たような感覚なんじゃないかなと思います。しかも、私は名門女子高といわれるところの出身なんですけど。

――Mさんのこういう無駄な遠慮のない物言い、気持ちがいいですね（笑）。

**M女史：**え？（笑）。なので世間一般からいえばわりと「成功した娘」なんですよね。だから母親が「成功した娘を育てた私のやり方は間違ってなかった」みたいな達成感を持っている。

**川内：**なるほど。自分の支配は正しかった、と、さらにパワーアップしてしまって。

M女史：それで「私の言うことを聞いていればいいのよ」的な思いをずっと。

――自信につながっちゃうんですね、Mさんの成功が。

M女史：いやそれでも、「安定した大企業に入らなかった」ということで、いまだに私、母親に文句を言われているんですけれども（笑）。

――せっかく私がちゃんと整えてあげたのに、大企業に入れるように育てたのに、と。

M女史：1カ月ぐらい前にも「この先、ちゃんとした企業に入る気はないの？」と言われて。

川内：えっ。直近の話ですか？

## 「母の支配」を抜け出すためにも介護支援を活用

M女史：「お母さん、私が今何歳だと思っているんですか」という話になったんですよ（笑）。まだそういうイメージを投影され続けているような感じがしまして。さて、ようやく話が『親不孝介護』に戻るんですが、そういう中でもがいている母と娘の関係だと、「親と距離を取りましょう」というのは、娘にとって母親に関しては「言われなくてもそうしたいわ！」という感じじゃないかと。あくまで私の場合はですが。

――なるほど、表れ方の違いはあれ、距離感に悩むという意味ではあんまり変わらないのかもしれない。女性（娘と母親）だから、親子間の距離がしっかり取れるかというと、そんなわけでもないという。

**M女史**：それはそうかもですね。うちの例が世の中全般に通じるわけでもありませんし、距離を取る、という考え自体が持てなくて悩んでいる女性の方もたくさんいると思います。そういう場合には『親不孝介護』は役に立ちますね。

**川内**：娘さんが、いざお母さんの介護が必要な状況になって、今まではそれぞれ独立してできていたことが、お母さんができなくなると、娘はイライラしながらも「でもしょうがないから」とやってあげちゃう。これで、保てていた距離ががんと崩れて、それで関係ががたがたし始める。そんな例はよく見ます。

**M女史**：さっきも言いましたけれど、支配が強すぎてそのウラをかくというか、抜け道を考えることもできなくなりがちなので、それを介護支援制度の使い方という形で、「本人に話さずに、包括に相談してもOK」だと示してくださったのが本当にありがたいです。

**川内**：よかったです（笑）。

**M女史**：そこで質問なんですけど、包括ってそんなに万能なんですか。

――私が出会った方は、万能かどうかは分かりませんが、しっかり助けてくれましたけれど。

**M女史**：実は、『親不孝介護』は、Yさんとお母様のお人柄なのかもしれませんが、出会う人に恵まれすぎているんじゃないかなと、正直読んでいて思いました。

――どうなんでしょう……。ウソはまったくありませんし、「早めに相談」することが、支援してもらう先（この場合は包括）の選択肢を増やすから、いい対応をしてもらえたんじゃないか、というのがこの本なりの回答なんですが。川内さん、率直なところどうでしょう。

**川内**：「包括は万能か」。とてもいいご質問です。利用者が「万能だ」と期待して使うことが大事だと思います。

**M女史**：その心は？

## 包括はまだまだ「試されて」いない

**川内**：包括にはすごく優秀な人はもちろんいる。一方で、そうでもない人もいる。ただ、包括はまだまだ認知度が低く、知らない人も多い、ということは、試されていないんですね。だから、予算が振り向けられていないし、人も鍛えられてないという側面もあるんじゃないかなと。

一般論はさておいて、ご質問に正面からお答えするなら、行政が委託している仕様書そのものを見れば、『親不孝介護』にYさんが書いた体験記ぐらいのことは、包括はやれなきゃいけない、という感じです。

**M女史：**あれが特にベストケースじゃないと。もう一つ、失礼なことをお聞きしたいのですが、自分の持つイメージとして、「介護はとにかくきつい、それで給料が低い、だからいい人が全然この業界に行かない」というのがあります。

**川内：**はい、あるでしょうね。

**M女史：**そう。私たちが払っている介護保険料はいったいどこに消えているんだみたいな気持ちがあって。なので、「親の介護を自分で」と考える気持ちの背景には、公に、行政に頼りたくないというよりは、「その行政の質がものすごく気になるから、自分でやったほうが絶対クオリティーが高いに違いない」という発想があるんじゃないかと。

――えっ、そうなんだ。

**M女史：**お金をたくさんかければ、公的支援よりも質のいい介護が受けられるだろう、と。

――稼いでいるんだから、自分のお金で何とかしようという。

**M女史：**そう、言い方を換えると、お金で不安を解消したいんですよ。私はこれまでそう思っていて、『親不孝介護』を読んで、「介護のクオリティーは予算では決まらない」ということと「包括や介護の業界の方ってそんなに優秀なの？」という2点にすごく驚いたんです。

**川内：**なるほど。

**M女史：**なので、介護の世界の待遇がもしかしたら自分のイメージと違っているのかもしれないと思い始めたんですけど、そこはどうなんですか。

## 介護職は搾取されているか？

――ほんとに何の手心も加えないご感想とご質問で。

**川内**：いや、素晴らしい質問です。まず誤解を恐れずに言いますと、私たち福祉職の一番のモチベーションは待遇ではないんです。やりがいが非常に大きいです。

**M女史**：それも分かるんですけど、本当ですか。やりがいだけじゃ食っていけないですよね。

**川内**：はい、そうですね。「福祉の仕事って年収が200万円いく、いかないの世界なんでしょう」みたいな印象をお持ちの方が多い。でも、ちゃんと統計を見てみると、介護職正社員の平均年収は約430万円です。日本の平均年収よりちょっと低いですが、安定度合いも含めて考えると、実は一般のビジネスパーソンよりも生涯年収が堅い、という言い方もできたりするんですよ（参考：「厚生労働省「令和3年度介護従事者処遇状況等調査結果」）。

**M女史**：まじで？　それもっと世の中に言ってほしいですね。

**川内**：「介護＝低収入」というイメージができているのは、まず、一部の民間企業がやっているイケイケドンドンな拡張戦略の中で、安くたたかれちゃっている人たちはいます。もう一つ、パートの人たちも含めて介護業界の全体年収を見ると、低めに見えていることがある。

正社員の方々がそこまで待遇が悪いのかというと、そんなことはない。逆に、資格を1回取ったら日本中どこでも求職はあります。どこでも働けます。例えば私は、日本国内だったら、いきなり明日からでも即戦力として雇用してもらえます。

――それは私には望むべくもないです。

**川内：**それを前提とした上で、最初に「第一がお金じゃない」と言ったのは、人を支援することって、自分でも気持ち悪いほどモチベーションが高まるんですよ。技術職みたいな感じですかね、自分が介護スキルを身に付けることで、介護の対象者が笑顔になったり穏やかになったりする。これって、すべてを懸けてもいいと思うほど熱中できることなんです。

それが時に自分を傷つけるような状況までいってしまうから、自分自身でバランスを取るためのスキルを学ぶぐらいな人たちです。これはビジネスパーソンの世界だけしか知らないと、なかなか理解しにくい。だからこういう人たちだということを理解した上で、ビジネスパーソンは介護職をマネージする必要がある、と思います。

**M女史：**なるほどですね。でもすごくそれで安心しました。「やりがいだけじゃ食っていけない」と失礼なことを申し上げたのは、介護の現場が、人の命を扱う仕事で働く人の気持ちや生活を毀損している状態なんじゃないかと。アンハッピーな人がハッピーに介護ができるわけがないではないかと。

**川内：**なるほどアンハッピーな人がいるのは事実だし、それがメディアに載ってきやすいのも事実だと思います。でも本当に素晴らしいケアをしていて安定的に仕事をしている人もたくさんいるということです。

**M女史：**その人たちはある程度の年収も。

**川内：**はい、そうです。都内だとどうでしょう、400〜500万円ぐらいかな。夫婦が共働きをして普通に頑張れば、子どもを私立に入学させられる、という。

**M女史：**そうなんだ。

**川内：**介護業界には他で働けない人が……みたいなイメージがあるということですよね。そういう側面はゼロではないんだけれども、じゃあ、民間企業で同じような世界は他にないのかといえば、そんなことはない。親を任せるに足るかどうかを見定めるのは、ビジネスの世界での選球眼があれば、普通にできるし、それに応えられる人材もたくさんいるのが福祉の世界だと思います。

――施設の見定め方や職員さんとのコミュニケーションの取り方は、『親不孝介護』でしっかり書いたつもりです。

**川内：**介護の職員の待遇の報じ方は、もっと公平にすべきですよね。私、福祉施設の新卒採用をしていたときに、「介護の仕事をどうしてもやりたいんだ」という女子学生が来たんですね。でも「やりがいを搾取されるんだって」と、友達が止め、親が止め、先生が止める。結局、その子は来てもらえなかった。事実ならば仕方がないけれど、そうでないなら、こういうネガティブイメージだけを報道していると、自分の首を絞めることになるんですよね。自分に介護が必要になったときに、もう日本では無理だから、介護が必要になったら海外に移住するしかないですよという時代が来ちゃいます。このままだとそうなる可能性は高いと思います。

**M女史**：『親不孝介護』を面白く読んでいて、でもこれはベストケース、レアケースでしょうと思っていたんですが、あ、もしかしたらすごく劣悪な事例ばっかりメディアを介して入ってきたのかもしれないな、と今思っています。今日はすごく安心して帰れそうな気がします。

**川内**：よかったです。少なくとも、包括に勤めている人たちはそれなりの資格をちゃんと取ってから来ていますから、相談に行って大丈夫です。

**M女史**：ほう。

**川内**：国は包括にちゃんと有資格者を置いて、介護の現場を精査できるようにしているということなんですね。自分が企業さんの介護相談でよく言われるのは……自分で自分のことを言うのはアレですが、「あなたは会社が契約している専門職だから安心して親のことも相談できるけど、本当にあなたと同じように包括の人は対応してくれるのか」という質問です。

**M女史**：うん、うん、そう思うでしょうね。

——どう返されるんでしょうか。

**川内**：「絶対やります。もし、やらなかったら私がその事務所に言います。大丈夫だから1回電話してください」と言います。そして「川内さんの言う通りでした」となります。

**M女史**：やっぱりみんな包括や、いってみれば国の介護制度への信頼感が低いんですよね。

**川内**：それはそうなんですよ。しかももう一つあるのは、信頼感が低いと相談できないままに時間がたって、親の状況がどうにもならなくなってから初めて包括に行くことになる。そうなると彼らが提供できるサービスの品質もやっぱり〝下がる〟んですよ。

**M女史**：うん、そうですね。対応できる範囲がぐっと狭くなってから呼ばれるから。それは早めに連絡しなかったためなのに、「期待よりサービス品質が低い」と感じられてしまう。

——『親不孝介護』にも載せましたけど、「警察マター」の事件だったのが、連絡が遅れている間に自衛隊出動級の災害に」なってから出番が来ても、できることは限られるわけで。

**川内**：そう。だから皆さんの認識が包括をより疲弊させて、より品質を下げているんですよね。

**M女史**：介護への誤解がすごく不幸せな、下向きのスパイラルを回している。

**川内**：本当にそう思うんです。

——介護保険制度がこの先このまま維持できるのか、という問題はここでは措かせていただくとして、現状、その制度でサービスを受けた実感としては「ここまでやってもらえるのか、これなら要介護の親がいても普通に働ける」でした。

**M女史**：『親不孝介護』のYさんの体験記からは、そういう印象を受けますよね。

――だからなのか、やっぱり「こんなの、運がいい、珍しい例だろう」みたいなことも言われます。

**M女史**：それはみんなの、介護制度への期待値がめちゃくちゃ低いからだと思うんですよね。

――期待が低いから、普通のことでも「運がいい」くらいに見えるのか。

**M女史**：いやでも、恵まれていたと思いますよ。

――そりゃ、松浦晋也さん（サイエンスライター）のお母様の介護本『母さん、ごめん』を編集して、「介護は初動が大事」と気付かされ、この本のご縁で川内さんと会って、「親不孝介護」の考え方をレクチャーしてもらいながら親の介護スタート、なんて、確かに運がいいです。なので、少しでも多くの人にこの考え方を知ってもらいたくて書籍にしたわけで。

## 「偏差値」が高い人だったからうまくいった？

**M女史**：それもありますが、そもそも、Yさんの息子偏差値が高くて、お母様の被介護偏差値が高いから、こうなったんじゃないですか、と。

――最初にそんなこと言ってましたよね。偏差値、高いですかね。

**M女史：** Yさんが70で、お母様の被介護偏差値は78くらいあると思います。

――東大も楽勝。

**M女史：** やっぱり、やる人次第、の面はあるんじゃないですか？

――ない、とはさすがに言えないかもしれませんが……。

**M女史：**「優秀な人にはいい結果が付いてくるよね、いいないいな」みたいな感じですね。

――いや、早期対処で、さっさと動くことができたからこうなったんだよ、と。

**M女史：** いや、でもさっさと動けないじゃないですか、みんな。

――動けないですよね、でも動いたほうがいいから早く動こうよと、一生懸命に本にですね。

**M女史：** あとYさんがお母様を入れた施設の金額が、また驚きの安さじゃないですか。

――そうですね。私もびっくりしました。

**M女史：** 何でなんですか。何であんなに安いんですか。

――まあ、1000万円以上とか、そういう現実離れしたところは最初から見ていませんが、でも比較した中では、やっぱり入居金が100万円以上とか、いろいろありましたよ。東京よりは安いけれど、地方だから、新潟だから安い、というわけじゃない。

**M女史：**そうなんですか。

**川内：**それでいうと、老人ホームもそうなんですけど、高いから良いかというと、全然そんなことないです。

**M女史：**と、本にも書いてありましたよね。

**川内：**はい、全然ないです。結構大きい企業に勤められて、かなり年収もあって、入居金で1億円ぐらい全然払える、そういう人もたくさんいて、何人もお会いしていますけれど、じゃあ、そういう豪華な施設に入っている親はみんな幸せかというと、まったくそんなことはないです。

**M女史：**設備で幸せになるのは難しい、それは分かります。職員さんの人間性次第かな？

**川内：**まずご本人のニーズにマッチしなければ、人間性の良さは発揮されないです。

**M女史：**あ、確かに。

**川内：**そうなんです。もっと言えば、入居する人の人間性に、施設側のスタッフがどれくらい合わせていくことができるか。

## 介護偏差値は「上げる」より「下げない」

――つまり、スタッフのやる気や能力が問われるわけですが。

**川内**：はい、そしてもちろん、給与も福利厚生も福祉の人間にとっては重要なモチベーションを高める要素ですが、さっき申し上げた通り、この業界の人が一番燃えるのは「人の役に立てた実感」を味わえること。そのための勉強ができることや本人への成果のフィードバック、チーム意識といった要素が、施設の運営にはものすごく重要なんですね。そこを分かっている施設とそうでない施設の差のほうが、入居者にとってはハードの差よりずっとずっと大きい。

これがうまくできていないと、入居者は施設とスタッフに警戒心を抱き、そこにいることに強く抵抗するようになります。当然ですよね。そして「俺をこんなところに囲いやがって、警察を呼べ」みたいなことになったり、スタッフにグーが飛んだりすることもあるわけです。

もともと体育会系の私は、そういうときに「あんた、体が丈夫だから」と、よく最前線に立たされました。で、こうなってしまうのは、施設のスタッフの能力もありますが、それをマネジメントする施設、さらに言えば、これまで親御さんが家族から受けてきた扱い、そしてそもその、親御さんとお子さんの関係性まで遡るんです。

**M女史**：今お話しされたような、スタッフに暴力を振るうまでいく方って、さっきの被介護偏差値だと38ぐらいなイメージなんですけど、そういうことではない？

**川内**：もともとの偏差値が38なのではなくて、38の人に変えられていく、という感じです。

**M女史**：介護の経緯を通して、そういう人になっていく。逆に、本人がしっかり頑張れば、被介護偏差値が50から80まで上がったりとかもあります?
**川内**:いいえ。
**M女史**:違います?
**川内**:ええ。この人が頑張るのではなく、やりたいように生活していれば、その偏差値は下がることがない。むしろ上がっていく。勉強の場合は努力して偏差値を上げるんですけど、介護の場合は、本人に頑張らせない、努力させないほうがむしろそこに行ける、という感覚です。
努力させて、頑張らせて、という方向で介護していくと、いろいろなことに不信感を持ったり、嫌なことをやらされたりしている、という気持ちがどんどん強くなっていく。不安もストレスも増し、それによって偏差値がガッと下がる感じです。
**M女史**:なるほどね。無理な努力をさせることで本人の被介護偏差値が落ちてしまう。
**川内**:落ちちゃうんです。だから、この『親不孝介護』では理想的な「愛されキャラ」に見えるYさんのお母様だって、介護のやり方によっては暴力を振るう人になり得ると思うんです。
——実際、本でも書いた通り、介護支援が入る前の母はかなりおかしくなりかかっていましたから。鬱っぽく、愚痴っぽくなっていたし、人のことも疑うようになっていたので。今、電話すると「いつもみんなが優しくしてくれて幸せ♪」と言う母ですが、当時の状態でそのまま施設へ行ったら、絶対こういう結果にはなってないです。

**川内：**同じ症状、例えば脳の萎縮の程度はまったく同じでも、その方にかかっている負荷、ストレスによって、表に出てくる態度は全然違います。

ここが認知症という症状の難しいところでもあるんですけど、でもこれは認知症だけじゃなくて、ご高齢の方はご自身の性格の特徴が隠せなくなっていく、ということもあるんです。それが自分でもつらいのに、愛する、愛してほしい家族からの役割期待によってさらに負荷をかけられたら、すごく生きづらいですよね。生きづらい人は、被介護の偏差値はそりゃ下がりますよ。

**M女史：**確かに。でも、Yさんのお母様はめちゃめちゃ愛されキャラでしたけど、もともとが愛されキャラじゃない人の場合はどうなるんでしょう。

**川内：**全然大丈夫です。愛されない感じの人は確かにいらっしゃる。でもこれは私たち介護職の特性かもしれないですけど、その人も愛らしいわけですよ。なぜそこにその人が至ってきたのかの歴史が必ずあるので、それが美しいんですよ。

## さて、うちの夫をどうしよう

**M女史：**最初に言いましたけれど、うちの夫は、大きな挫折もなく、、親子関係もとてもこまやか。成功体験しかないから、おそらく、親が要介護になったら、この『親不孝介護』にある典型的な「仕事のできるビジネスパーソン」がハマるコースをたどるんだろうな、と思うわけです。

――つまり、仕事や家族を顧みず、お母さんの介護に先頭きって飛び込んでいきかねないという。

**M女史：**そうそう。

――親御さんがしばらく会わないでいる間にお年を召されていろいろ様子がおかしくなって、「あれっ」と思った夫の方は……みたいな。

**Mさん：**来たぞ来たぞ、この人ドツボにハマっていくぞ、みたいな。

**川内：**ドツボにハマらせないためには、「あれっ」の印象が薄れないうちに、『親不孝介護』にも収録しているチェックリストを使っていただくといいですよ。

――これは多くの方に知っていただきたいので、こちらでもご紹介しちゃいましょう（左ページ）。

**川内：**この中で濃い色の枠に○が3つ以上入ったら、ためらわず、親御さんの地元の包括（地域包括支援センター）に連絡してください。とにかく、早期発見と公的介護との早期連携。介護を楽にする最大の方法です。

## ●家族の不安解消！ チェックシート

### ～このシートの使用方法～

### 1. まずは心配な家族を想像しながらチェックをしてみてください。

### 2. 次に、実際にその家族と会ってみて、改めてチェックしてみてください。

※すべてを完璧にチェックする必要はありません。よくわからない場合は「不明」にチェックを入れてください。

| | | | | |
|---|---|---|---|---|
| 1 | 一人でバス・電車・自家用車で出かけているか？ | はい | いいえ | 不明 |
| 2 | 日用品の買い物に出かけているか？ | はい | いいえ | 不明 |
| 3 | 週に1回は外出しているか？ | はい | いいえ | 不明 |
| 4 | ここ最近、外出の回数が減ってきているか？ | はい | いいえ | 不明 |
| 5 | 預金の出し入れをしているか？ | はい | いいえ | 不明 |
| 6 | 友人の家に出かけているか？ | はい | いいえ | 不明 |
| 7 | 家族や友人の相談にのっているか？ | はい | いいえ | 不明 |
| 8 | 階段を手すりや壁をつたわらずに昇っているか？ | はい | いいえ | 不明 |
| 9 | 椅子に座った状態から何もつかまらずに立ち上がっているか？ | はい | いいえ | 不明 |
| 10 | 15分ほど続けて歩くことができるか？ | はい | いいえ | 不明 |
| 11 | この1年間で転んだことはあるか？ | はい | いいえ | 不明 |
| 12 | 転ぶことに恐怖があるか？ | はい | いいえ | 不明 |
| 13 | この半年間で2、3kg以上の体重減少があるか？ | はい | いいえ | 不明 |
| 14 | 固いものが食べづらそうにしているか？ | はい | いいえ | 不明 |
| 15 | お茶や汁物でむせることがあるか？ | はい | いいえ | 不明 |
| 16 | 同じ話題を繰り返し話すことがあるか？ | はい | いいえ | 不明 |
| 17 | 自分で電話番号をダイヤルして電話をかけているか？ | はい | いいえ | 不明 |
| 18 | 今日が何月何日かを把握できているか？ | はい | いいえ | 不明 |
| 19 | 以前は楽しんでいたことが楽しめなくなってきているか？ | はい | いいえ | 不明 |
| 20 | 以前は楽にやっていことがおっくうになっているか？ | はい | いいえ | 不明 |
| 21 | 疲れた、と落ち込んでいる様子はあるか？ | はい | いいえ | 不明 |
| 22 | 日々の生活を楽しんで送ることができているか？ | はい | いいえ | 不明 |

○濃い色の枠に３つ以上チェックが入った場合は、“高齢者の身近な公的相談窓口”である「地域包括支援センター」に相談してみてください。不安解消のアドバイスを受けることができます。

○地域包括支援センターは、【心配な家族が住んでいる地域　地域包括支援センター】でインターネットで検索することで調べることができます。まずはお電話でご相談ください。

※このチェックシートは厚生労働省の基本チェックリストを参考に作成いたしました。

**【あなたの地域包括支援センター】**
～調べて記入してみましょう～
名称：
住所：
電話番号：

**M女史**：で、もし、夫の母親に要介護の兆候が見えた、とか、それについて夫が「親孝行」の意識で、率先して自ら親の面倒を見ようとし始めたら、妻としてはどうすべきか、なんですが。

**川内**：自分が見てきた例から言えば、妻のほうからは何もアプローチしないほうがいいです。

**M女史**：夫の行動が気になっても、あれこれ言うべきじゃないってことですね？

**川内**：そうです。でも妻のほうが客観的になれるので、状況がよく見えるんですね。ですので、夫のために「もっとこうしたらいいじゃない」とか、「言いたくなると思います。でも、「え、どんなことがあったの？」「大変だった？」とか、とにかく聞き役に徹するほうがいい。

**M女史**：聞いてあげなきゃいけないんですか？

――すごくイヤそうですね。

**川内**：可能な範囲で。可能な範囲でです。そして、苦戦しているようなら包括の担当者に「妻から見て、夫は今、こういうことになっているようです」という〝密告〟は、したほうがいい。

**M女史**：あっ、それはいいですね。

――一転して眼が輝きました。

**M女史**：たいていの場合、お母さんと息子が仲がいいのって、妻から見ると「キモ」ってなるじゃないですか。勝手にやってと思うんです。だから私は、苦労話は別に聞きたくないんですよ。なんだけど、大変な状況を第三者として密告、いえ、報告するのは、それはウエルカム。

――「親孝行」の苦労を聞かされるのも、密告のネタ集めと思えば。

**M女史：**ひいては自分が楽になるというのであれば。

**川内：**そう、そう。夫の親御さんの介護とは、そのくらいの距離感がいいと思います。この本で言う「親孝行の呪い」、つまり社会一般の規範としての「親の面倒を近くで見るのが親のため」という思い込み、ここから、介護の場合は離れるべきだ、と主張しているんですが、夫だけでなく妻もこの呪いにとらわれていると、夫による「親の直接介護」を積極的に応援したり、義理のお母さんの介護に自分や家族の生活を犠牲にして一緒に突っ込んでいくことになったりします。こうなると大変です。客観的になって止められる人が誰もいなくなりますから。

## 「親孝行の呪い」にとらわれる妻は少なくない

**M女史：**でも、都市型共働き層には今はもうあんまり、妻も一緒に義理のお義母さんの介護に突っ込んでいくケースはないような気がするんですけど、どうですか。

**川内：**私の相談の中には残念ながら都市型共働きのご夫婦がたくさんいます。そして、妻が仕事を辞めちゃったりするんですよ。夫の年収と自分の年収を比べて、夫のほうが年収が高いから、だったら自分が仕事を辞めよう、って。

**M女史**：理解不能だ。稼ぎが少ないことを理由に、仕事を辞める人を決めるのは最悪ですね。

**川内**：私もそう思います。そういう価値観で家庭の意思決定がされるというのは、夫婦の間柄にとっても、子どもに与える影響にしてもつらいですね。「結局、お金がある人が優先されるんだな」という価値観を、その子に植え付けることになるので。

**M女史**：そうですね。それはそうですね。

**川内**：家庭という安全な場所が、そんな価値観を発信することは、子どもに大きな影響を与えると思います。そういえばついこの前相談を受けたのが、東京に夫婦で住んでいる方で、夫が早期退職して、妻もそれについていく。それで夫の田舎に帰ったと。

**M女史**：ええー。

**川内**：帰った後、必死に介護しているのは奥さんなんです。親孝行の呪いにばっちりかかっている。他人の親でもそうなってしまう方はやっぱりいる。そして、お義母さんの調子が悪くなれば、きっと自分を責めてしまうんです。もっと私が頑張らないと、と。

これが日本の介護の問題点です。介護の制度が悪いとかよりも大きい壁だと思います。親がうれしいかどうかよりも、「親の面倒を直接見るのが親孝行」という思い込みですね。

**M女史**：私の義理の母が私に下の世話までされたら、たぶんプライドが木っ端みじんですよね。

**川内：**ですよね。でも、呪われているとそういう相手の気持ちは考えない。お母さんらしい生き方とか、自分らしい関わり方は考えない。

――「浮世の義理で私が世話しなければ」と、反射的に考えちゃうと。

## 「家族関係」じゃなくて「介護関係」

**川内：**もはや家族関係というよりは「介護関係」みたいなものが出来上がって、そりゃうまくいかないですよね。本人も苦しいけれど「その苦しさも親子の愛の証拠だ」ぐらいに思ったり。

**M女史：**「介護は家族がやらなきゃいけない」って、ちょっと前までの「育児は母親がやらなきゃいけない」というのとほぼほぼ一緒ですよね。

**川内：**そう、そう。そうなんです。

**M女史：**それが「プロに任せたほうが子育てもうまくいきますよね」というので、この10年ぐらいで相当変わってきたと思うんですけど、介護でも概念の転換が起きてくれれば。いや、きっと起きるんですよ。それを起こすのがたぶん川内さんと「親不孝介護」の役割だろうと。

**川内：**だといいなと思うんですけど、でもなかなか難しいなと思いながらやっています。

**M女史：**介護の世界に抱いていた不信感が、私は今日のお話を聞いてすごく払拭されたんですけど、その認識が広がっていって、自分たちが提供するよりもはるかに上のクオリティーが提供されるのであれば、プロに任せようという変化は自然に起きていくような気がするんですよ。

**川内**：起きてほしいな。起きるといいな。

## 公的支援に早くつながろう

**M女史**：繰り返しになりますけれど、『親不孝介護』を読んで、そんなベストプラクティスを例として出されても、と思っちゃいましたけど、これが最適解なわけでは全然ないんですね。

**川内**：正しく介護支援制度を使えばこういうことになる、というのが実際に近いと思いますよ。

――運もあったと思います。ここから最悪の介護に行くルートはいくらでもあったわけで。そこに落ちずに歩いてくると、「いや、あなたはもともと介護偏差値が高いから、運に恵まれているから」と言われる、ということなのかも。

**川内**：そうですね。Yさんは相当リスクありましたよ。だって、一人暮らしのお母さんがいて、自分は一人っ子で。

**M女史**：お母さんと仲が良くて大切に思っていて。

**川内**：そう、大切に思って、東京に呼び寄せるほうがいいのかな、とか考えて。しかも当時の

Yさんは、もし包括に相談したら、「あなたが仕事を辞めて面倒を見なさい」と言われるんじゃないか、という介護制度への不信感、恐怖心まで持っていたわけですよ。

――母親の生活を管理しようとしたり、きつく怒ったりもしています。

**川内**：というのって、全部リスクですよね。

**M女史**：本当にそうですね。その優等生でもうっかり落ち込むリスクの具体例が赤裸々に描いてあるわけですね、この『親不孝介護』って。

――やっと分かっていただけたんですか（涙）。オチがハッピーエンド風味だと、幸運に恵まれたところだけが伝わって、リスクのほうが伝わりにくいのかな。うーん。

**川内**：そう、運はある。認知症の発覚が2年遅ければ「じゃあ、実家でテレワークしながら面倒見ようか」みたいなことになったと思うんですけど、これは絶対うまくいかないですからね。

**M女史**：読者のほうからすると、レベルが高い人だからうまくいったんだ、という印象がどうしても出ちゃうんですけれど、むしろ、恵まれた状況にいることに気付かずに、その利点をどんどん自分で捨てちゃう人が多い。そういうことかもしれませんね。

**川内**：ものすごくもったいないです。そして、恵まれた状況にいる人ほど、「親孝行の呪い」にかかりやすい。特に仕事のできる男性会社員はその傾向が強いように思います。

**M女史**：「日経の本だよ」と、ビジネスパーソンの基礎教養として『親不孝介護』を読んでもらうのもいいし、妻が家族を守るために読むのもいいと思います。実は、自分の周りの友達の女性、そして男性も、このところ続々、介護で退職しているんです。

――いかん。それはいかんです。あとMさん、うちは「日経BP」ですから。

**M女史：**コケる前の杖《つえ》として、「親孝行」な友達に『親不孝介護』と、この考え方を教えたい、と思いました！

Mさん、ズバズバ言ってくださっていて本当にありがたかったです。編集Yさんのケースは、ベストな条件があったからうまくいったのではなくて、いくつもの分岐にうまく対処できたから、結果的にベストなところに落ち着いたのだ、という認識は、Mさんのご指摘がなければここまでくっきりとは持てませんでした。

分岐で落とし穴のコースを選ばないためには、親との適切な距離感が必要です。夫の親の介護の場合は、妻の判断が本当に重要なことが改めて分かりました。夫を説得するのではなく、勇気を持って包括に〝密告〟してください。妻が正しく判断すれば、世の中の介護を巡る不幸な事件は、間違いなく減ると思います。

「えっ、親の電話を
着信拒否するんですか、
うーん……」（畑中麻紀さん）

「着拒、オーケーだと思います。
全然問題ないです」（川内）

# 『ムーミン』の改訂翻訳者、「親孝行介護」にハマる

翻訳者

## 畑中麻紀さん

はたなか・まき　スウェーデン語翻訳者。1967年生まれ。大学在学中からスウェーデン語を学び、外資系企業（プラントエンジニアリング・損害保険会社）に勤務後、フリーの翻訳者に。ムーミン75周年にリニューアル刊行された新版ムーミン全集（講談社刊、全9巻）1巻～8巻を、原書準拠で全面的に改訂翻訳した。作者の評伝『トーベ・ヤンソン 人生、芸術、言葉』（フィルムアート社）も翻訳（森下圭子さんと共訳）を担当。

畑中麻紀さんが『親不孝介護』に出会ったのは、ラジオでした。2022年12月17日の『ロンドンブーツ1号2号　田村淳のNewsCLUB』（文化放送）で「川内潤『両親の介護が楽になる〝親不孝介護〟』」の回を聞いて「自分は〝親孝行〟介護にハマりつつあるのでは？」と気付かれたそうなのです。さっそく書籍を電子版で読んだ畑中さんは、感想をこうツイートしてくださいました。

ムーミン全集の新版、第1巻『ムーミン谷の彗星』。クレジットの訳者は底本を訳した方の名前になっています。【新版】の表記がない講談社文庫と青い鳥文庫のムーミン全集は旧訳版ですのでご注意を

寝たきりを脱した後、家族は腹立ち案件てんこ盛りの日々でした。昨日、ラジオを聴いていたら介護の話。川内潤さんが提唱されている「親不孝介護」私は実践してるぞ、と思ったらとんでもない。この1ヶ月、親孝行介護の罠にはまっていたのだった！

すぐに川内潤さん@kawajun1980の『親不孝介護　距離を取るからうまくいく』を購入。父をサ高住に入れて、生活を軌道に乗せるまではしっかり親不孝介護ができていた…けど、軌道に乗ってからも世話を焼き過ぎていた。そして、父が介護士さんや私に向けて度々発していた「娘が居ないと生きていけないんですよ」に囚われていた。介護サービスをがっつり付けているので、娘は毎日まーいにち通わなくてもよかったのだ。実家・私の

## 自宅・サ高住が全部徒歩圏の罠にすっぽり嵌っていたのでした。

川内さんがラジオ出演したことが、さっそく誰かの役に立った！　と勇んだ編集Yは畑中さんにコンタクトを取り、実践していたはずの〝親不孝介護〟が、親孝行介護に転じてしまったいきさつを伺いました。なお、インタビューはオンラインで行っています。

●

――進行役の編集Yです。今回はお忙しい中、ありがとうございます。フィルムアート社さんから出されたトーベ・ヤンソンさんの評伝、すごく面白かったです。子どもの頃に読んで感じた、すっきり分かりやすく〝ない〟、不思議な余韻にはやっぱり作者の意図が隠れていたのか、と、半世紀越しに知ることができて感激しました。

**畑中麻紀さん（以下、畑中）**：ありがとうございます。

**川内**：よろしくお願いします。ラジオがきっかけで『親不孝介護』読んでくださった。

**畑中**：ながら聞きで、ご飯をつくりながら川内さんのお話を聞いていて、思わず手が止まりましたから。えーっと思って。それで即、注文して。

――しんどいお話の振り返りで申し訳ないんですけれども、当時、畑中さんはお父様との関わりで、どんなことで悩んでいらっしゃったのでしょうか。

**畑中：**父はサ高住（サービス付き高齢者向け住宅）に今、いるんですけれども、介護関連のサービスをフルに利用しているので、はっきり言って家族は手を出さなくてもいいんです。お願いすれば日々のこと、洗濯にしても何にしてもやってもらえたんです。でもついつい抱え込んで。一方で父も私をちょっと頼りにしすぎていた。周りの人に自慢したい気持ちもあったんでしょうね。私が毎日毎日、行っていたので。

――えっ、お父様の施設に毎日行ってらしたんですか？

## 「誰か止めて」と思いながら毎日が過ぎた

**畑中：**そう。それで「娘は毎日来てくれるんですよ」とか、「私は娘がいないとだめなんです」とか、そういうことを父は言う。嫌だなと思いつつも、そういうのが私にも刷り込みとして入っていって、そうすると「しんどいけど、やらなきゃ」みたいな気持ちになっていく。これはよくないなと頭の隅で思ってもいました。

だけど、父のいるサ高住、私の今住んでいるところ、そして実家も、全部徒歩圏なんですよ。

――行こうと思えばすぐ行ける。

**畑中：**そうなんです。私は翻訳者ですけれど、平日は通勤して事務仕事をしているんですね。

それで帰りに父のところに寄るのがルーティンになっていた。しんどくなってきたな、と思いつつも、次々やることを思いついてしまう。「誰か止めてくれよ」と思いながら、止まれない。

――例えばどんなことをするんですか。

**畑中：** まずは毎日、誇張でなく山のように洗濯物が出ていましたのでその対応。それから、父のサ高住って新築なのでぴかぴかで。となると、やっぱりきれいにしたいな、新築の状態を維持したいな、と思うじゃないですか。平日は無理でしたけど、毎週土曜日は掃除していました。やっぱりトイレとかはすごく汚れちゃうので。父のところで労力を使い果たして、自分の家を掃除する気力がなくなるという（笑）。少なくとも入居して4カ月はほぼ毎日行っていました。

そして父はもう、食べることだけが楽しみになっちゃって、食事への不満もあったみたいで。

――そのサ高住は、食事がおいしくないんですか？

**畑中：** いえいえ、むしろ逆です。実は私の夫は介護の仕事をしているんですけれど、夫が勤務しているところと比べて、父の施設の食事はすごく良質なんですよ。メニューを見せると「こんなすごいのを出しているんだ、いいなあ」と。夫は日々、予算に悩んでいるので。それなのにうちの父が「まずい」とかと言ったりすると、本当に腹立つわと怒っています（笑）。

――それで、食事についてはお父様は。

**畑中：** 私が行くと、とにかく「どこそこのお弁当を買ってきて」とか、「カップラーメンを食べたい」「菓子パンが食べたい」と。冷蔵庫もミニキッチンもある部屋なので、冷凍食品とかもいっぱい買って。

## 施設に入れば自動的に距離が取れるわけじゃない

**川内**：私はお父様と直接会話しているわけじゃないので、何とも言えないんですけど、家族に何でもやってもらうことがお父様の目的になっていて、それでご自分の寂しさを埋めるような形になっているんじゃないかと思います。

――食事はいわば、お父様が不安をぶつける口実で。

**川内**：だとすると、ご家族の負担も当然心配なんですけど、まずご本人です。ご本人はだんだんこれから、体が動かなくなっていったり、できることが少なくなっていくわけです。それでも生きていかなきゃいけないのですが、そこで窮する方って、誰かへの依存が大きい方が多いように思います。だからお父様にとってもご家族にとっても、「距離を取る」ことが、すごく大事だろうなと思いました。

――施設に入ったら距離が自動的に取れる、わけじゃないんですね。

**畑中**：施設に入ってもらうところまでは「親不孝介護」ができていたと思ったんですが、徒歩圏にあったことで、逆に距離を縮めてしまったんだと思います。

**川内**：お父様は、無意識かもしれないんですけど、子どもたちが来てくれる口実として、いろいろなことを要望されているのかもしれませんよね。本当に食事がまずいんだったら、「もっとこういう味付けにしてほしいんだよね」と施設の職員さんたちとやりとりする可能性があります。そうすることが実はお父様の自立のサポートになるし、スタッフにとってもお父様との距離を縮めて、いいサービスを提供するきっかけにもなる。

――ご家族は100％善意でお父さんの面倒を見ようとするわけだけれど、それが実はスタッフの足を引っ張っている、そんな構図ですか？

**川内**：はい、ご家族の気持ちは分かるので難しいだろうなと思いますが、そういうことだと。

## 親のお金を子どもが管理する、それは親のため？

**畑中**：親と距離を空けるのは思っていたより難しいです。父は自分で出前を取っちゃったりもするんですよ。通販で買い物したりとか。やっぱり時々、大量に買いすぎたり、支払いを忘れていたりすることがあるんですよね。そういうときに、私はすごく怒っちゃって。それで「父親の出費は全部私がしっかり管理しないと」という気持ちになっちゃったんです。

でも数日たって、ふと、「あれ、私はお父さんを管理しようとしているぞ?」と気が付いたんです。父のお金だから、父が好きに使えばいいんですよ。もちろん1回に100万円、200万円使うようなことがあったら止めなきゃいけないけど、今日、明日、困るお金じゃないなら、そんなことまで私が管理するのは絶対間違っていると思って。ラジオで川内さんが「親を管理しようとしてはいけない」とお話しになっていたのを聞いて、改めてぞっとしました。これはもっと距離を置かなきゃだめだ、と痛感しまして。

**川内**:でも、ぞっとすることができてよかった。それができずに親の管理に突っ走って、「父が言うことを聞かないんです」と私に相談に来られる。そういう方が本当にたくさんいます。

——どうするんですか?

**川内**:「ちょっと落ち着いて考えていただきたいんですけれども、親って、言うことを聞かせる対象として扱っていいんでしたっけ」という内容を、そのまま言っても伝わらないので、いろいろな言葉を使って気付いていただくように工夫します。

——「親は判断力がなくなったんだから、私が指導して何が悪いんですか」と言われたら?

**川内**:はい。家計や、必要か不要かという判断について論じれば、子どもが指導するのは正しい。でも、その正しさは誰にとってよきことですかと。ここになかなか気付けない方が多い。

そして出前について言えば、自分で食べようという意欲、食欲があるということは、とても素晴らしいことです。食欲は、生きる意欲なので、できるだけプラスに考えるといいですね。

**畑中：**そうですよね。私の役割は施設の方に「父は出前を取ったり、通販で注文したりしているので、何か困ったことがあったら私に連絡してください」と言っておく。そこだな、と考えて、そうしたら施設の方も「分かりました」と。

**川内：**よかった、よかった。

**畑中：**幸いなことに、施設の職員さん、ケアマネ（ケアマネジャー）さん、看護師さん、介護士の皆さんのお顔をよく知っていてお話も頻繁にしていたので、「この人にはこのことを言えばいい」というのが把握できていました。だったら、本当にもっと早く手を引いたほうがよかったんですけれど。

――お父様はサ高住に入ることについては、覚悟がすぐ決まったんでしょうか。

**畑中：**そうでもないんです。母の葬儀直後に、担当だったケアマネさんに事情を話して、「父のケアを引き継いでください」と、兄夫婦と私と夫の4人で泣きついて、支援を受けられるよう手配をしたのですが、そもそも父は他人を家の中に入れたがらない。

――あらら。

**川内：**ご本人が元気なうちに、介護スタッフが家の中にいることに慣れていただくことが本当は望ましいんですよね（『親不幸介護』49ページ、93ページ）。

**畑中：**もう結構よろよろしていましたので、例えば掃除するにしても危なっかしい。たぶん転倒もしているだろうと。だからサービスを入れると言っても、「Aちゃん（畑中さんの義理の姉）が掃除をしてくれるからいい」と、父は全部拒否していたんです。「お父さん、労働力をタダと思わないで！」と、実は私はさんざん怒っていたんですよ。

それでもごまかしごまかしやっていたんですけれども、大きく転倒することが増えまして、体中があざだらけに。家には手すりとかはあるんですが、手すりでないところをつかんで転ぶ。「いすを支えにしちゃだめだよ、ひっくり返るよ」と言っても、絶対やっているんです。そんな日々が続いても言うことを聞かなかったんですが、居間のソファで横になっているときに

……あの、大丈夫ですか、こんな話で。

――読者の方にめっちゃめちゃ参考になります。どうぞ、どうぞ。

## ソファから落ちて動けない！

**畑中：**突然電話がかかって来まして、居間のソファで寝っ転がっていたら、下に落ちてしまって起き上がれない、と。

**川内：**ああ、ありますね。

――あるんですか?!

**畑中**：落ちたときに、たまたま携帯が近くにあったので、何とか私に連絡できたんですけれども、私も「床に倒れた人の正しい起こし方」なんて分かりませんから、汗だくで戻して。その後しばらくしてまた緊急呼び出しが来て、何だと思ったら「居間のテレビがひっくり返っちゃったから、戻してほしい」と言われて。

――テレビってひっくり返るものなんですか?

**畑中**：いえいえ、普通の薄型テレビです(笑)。えーっと思って聞き返すと、父は「横を通ったとき、ちょっと触ったら倒れたんだよ」と言うけど、絶対よろめいてつかんだんですよね。

他にも、鍋を焦がしたり、転倒して勝手口の土間にはまったり……。そこで「実はいいサ高住が見つかったんだ」と話したら、ふーんという顔をしたんです。これはもしかして弱っているなと思って、「お父さん、見学に行こうよ」と言ったら、「いいよ」と。見に行ったら、「こんなにいいところだったの」って。パンフレットを渡しても全然見もしなかったんですけどね、これならいいかもという気になったので、「じゃあ、今月入ろうね」となりました。

## 親に「だめだこりゃ」と思ってもらうことが大事

**川内：**なるほど、よく分かりました。そうだったんですね。でも、そのご苦労は、いい意味でお父様が「新しい環境に移るために必要な経験」をちゃんとされたということでもあって、よかったなと思いました。同時に、お父様のご性格というか、スタイルみたいなものが今のエピソードに相当あるんだろうなと。お父様は「自分で失敗」をしないと、それが自分ができないことなのだと理解できないんでしょうね。

**畑中：**そうですね、そう思います。

**川内：**だとしたら、やっぱりそのとき、そしてこれからもお父様に必要なのは、「失敗」なんだと思うんです。「これはできないな、無理だな」と気付いていただくことが大事です。そこをご家族が先にフォローしちゃうと、お父様の中では「大丈夫」になっちゃうんでしょうね。何の問題もないじゃないかとご本人は思っているけれど、そこにはご家族の多大な配慮、犠牲があるという。

――　これもよくあるケースですか。

**川内：**あります。ご相談の中で「うちの父はどうしても介護サービスを利用するのはイヤだと言いながら、私を電話一本で呼び出すんです」というケースは少なくない。

**畑中：**実は父からの電話は、サ高住に入居してからもありました。それもかなりの頻度で。「あれこれをやってもらえないんだ」とか、「呼んでも来てくれないんだ」とか。それも夜中の2

時とか、寝ている時間にかかってきて。

**川内**：ああ、それは大変ですね。

## 夜中に電話をかけてくるのはなぜか

**畑中**：私も寝なきゃいけないので「朝になったらやってもらえるから」とか、「コールボタンを押せば来てくれるよ」って言って、おやすみにしちゃったんですが、悪いことしたかなって、翌日は1日ちょっとざわざわしながら仕事をして、会いに行くと覚えていないんですよね。「昨日、麻紀に電話なんてしたのか?!」とか言って、何じゃこりゃというのがかなり続きました。他にも「今のケアマネはだめだ」とか、最初はあんなに褒めていたのにずどんと落としたりもして、何なんだこの人は！　と思って悲しかったです。

**川内**：いやいや。もう大事なのは、畑中さんはお父様の電話にお付き合いする必要はない、ということなんですね。お父様が、深夜2時に電話をかけてきたり、ケアマネが使えないと言い出したりするのは、言葉ではそう言っているんですけど、真意じゃないんですよね。別にあるはずなんですよ、お父様が本当に言いたいことが。

いろいろなケースがあるので「絶対にこうだ」とは言えないですけれど、実はこれも食事への文句と同様に、ただ「不安だ」という気持ちが言わせているだけなのかもしれないんです。

**畑中**：うわあ、ええ、はい！　はい！　はい！

**川内**：だとすると、いくらそこに応えても、例えば畑中さんが午前2時にサ高住に飛んでいっても、ケアマネを代えても、効果がないんですよね。

**畑中**：なるほど、なるほど。

**川内**：私、今偉そうに言っていますけど、難しいのは、じゃあ、自分の父、母に同じことをやられたらどうなるかというと、私も畑中さんと同じことをすると思うんです。そして施設に深夜に行ったら、「何で来たの」とか言われるわけですよ。

**畑中**：思い出しました。「ここはどこなんだろう。どこにいるか分からない」という電話がかかってきたことがありました。「お父さんのうちだよ。新しいうちだよ。安全な住まいに引っ越したんだよ」と言ったんですが、話が通じなくて。心配になって翌日行ったら、「どこにいるかね、ちょっと分からなくなっちゃったんだ、ごめんね」って言ってくれたことがあって。

**川内**：家族は親の言葉を聞いたら、すぐに、素直に反応してしまうんです。家族だからこそ、親の言葉を自分にあまり直撃させないというか、ストレートに受け過ぎないというのはすごく大事だと思います。

――第三者のスタッフなら「何がこの言葉を言わせているのかな」と考えるけれど、家族なら、夜中に駆けつけたり、ケアマネの交代を考えたりしてしまいそうです。

**川内**：そう、それを言わせるお父様の「不安だ」という気持ちが家族に向かうのではなくて、やはりケアマネとか、夜勤帯のスタッフに向かっていけば、彼ら彼女らはプロとして原因を考え、不安の原因を探りながら、お父様との関係性も培っていける。「この方がこういう言葉を言ったときは、どういうお返しをすることがお気持ちの落ち着きになるのかな」という体験が少しずつ重なっていくんですね。

## 介護スタッフはこうやって関係を構築する

――敷衍《ふえん》しますと、ご家族が親御さんと距離を取る「親不孝介護」でいてくれたほうが、スタッフが親御さんとの距離を縮めやすい、ということになるんでしょうか？

**川内**：正直な話、私、もともと施設でも働かせてもらっていたんですけど、その経験を通して思うのは、ご家族が頑張って親御さんを支えたり、それこそ毎日、面会に来られたりとかされている入居者さんって、私たちスタッフには何も言ってくれないんですよね。なぜかというと、言う必要がないからです。ご家族に言えば済むので。

――それはそうだ。

**川内：**本人とご家族とはいい関係性ではある。でも、ご家族にはそれは過度の負担、負荷になっていたりする。一方、スタッフには、「（家族に頼むので）全然困ってない」と、何も言ってくれないんですよ。だから、いつまでたっても私たちとの信頼関係はつくれないんですよね。

信頼関係って、お互いのでこぼこがあることから始まるんです。できていること、できていないことがお互いにあって、それを相互に補完していくことで培われるんですよ。介護のサービスは人間関係とか信頼関係の基に出来上がるものなので、いつも正しいことを提供していれば必ずいいサービスになるかというと、そうでもない。「あの職員はなっていない、ひとつ今度こういうことを言ってやろう」というふうに入居者さんが思ってくださって、「お前、最近態度が悪いぞ」と言ってもらうことが、私たちにとっては大事だったりするわけです。

――えっ。どういうことですか。

**川内：**そこまで入居者さんが言う気になるということは、もはや施設利用者と施設職員という関係ではなくて、その職員はもう半分、その入居者さんの息子みたいになっているわけですよ。そうすると、今度は私たちも、いろいろなことをその方に聞けるだろうし、「家族にも言ってないけど、お前だけには言っておく」と、悩みや願いを伝えてくれることもあるんですよね。

そこに踏み込むためには、私たちとその方々との関係性をどうつくるかということがとても大事で、ところがご家族がたくさん面会に来られてしまうと、あえての言い方をしますけど、それが阻害される可能性があるんですよね。

**畑中：**私は父に頼まれて食事を差し入れしていたんですけれど、これもそうなんですよね？

**川内：**はい。仮にスタッフがお父様に頼まれて食事を買ってくる場合、「何で今日は天丼なのか」とか、「何で今日は寿司なのか」とか、「何でこのカップラーメンなのか」と考えます。

## どうして日清カップヌードルなのか

**川内：**例えば「カップラーメンでも、なぜ他のものではなくてカップヌードルなのか」みたいに、あれだけ種類がある中で、何で日清のこれなんだろうというのが、実は大事なんです。

そこでもし私たちが、買ってくるのを頼まれる立場にいれば、「お父さん、何でカップラーメンはこれが好きなんですか」と聞けるわけです。お寿司なら「何でトロだけさび抜きにするんですか」とか、切り口に気が付くんです。

――そんな細かいところから、その人を知る手がかりがつかめるんですか？

**川内：**はい、細かいこだわりなんですけど、でもそこに、その方なりの生きてきた足跡が見えたりもする。そういうことがあると、何というか、一歩関係を近づけることができるんです。

**畑中：**なるほど、そういう興味を持つ余裕は家族だとなかなかないかもしれませんね。

**川内：**そうなんです。直接お世話をしていたらますますそんな余裕は持てなくなります。なので、夜中にお父様からかかってくる電話には「眠いから無理」がいいかもしれないですね。電話に出ても、もう、のれんに腕押し的な対応で。お父様に「だめだこりゃ」と思ってもらうのが、すごく大事だなと思います。

**畑中：**何だったかは忘れましたが、「今すぐあれこれを買ってきてほしい」と言われて、「うーん、今すぐはちょっと無理」と言ったら、父が、「何でや」って何か泣き声になって……。

**川内：**ああ、なるほど。

**畑中：**「ごめんね、じゃあねー」なんて言うんですけど。

**川内：**うん、いいと思います。

**畑中：**……いいですかね。

**川内：**いいと思います。それはもうお父様にとっては、やっぱり家族に頼りたい、依存したい、というか「自分の気持ちを共有したい」ということなんですね。だから買ってきてほしいモノ自体は、実はあまり重要ではないのかもしれない。口実かもしれない。

**畑中：**なるほどね。そうですよね。あれ買ってきて、これ買ってきてっていって、はいはいって、今でも買うときは買うんですけど、結局冷蔵庫に入ったままですからね。「ああ、もうカビてるわ」みたいな。

**川内**：やっぱり距離が取れていないと振り回されるんだと思うんですよ。先ほどおっしゃっていたように、「お父様のサ高住が徒歩圏にある」ということが、畑中さんにとっては、当然メリットではあるんですけれども、でもデメリットでもあるという理解もしていただけるといいですね。

## 着信拒否も全然問題ないです

――自分、親が新潟にいて本当に幸運だったなと実感いたしました。

**畑中**：「ちょっと天井買ってきて」と言われても「いや、無理」と自然に思えますよね（笑）。

――距離300キロの力は大きいです。素直にためらいなく「できない」と言える。

**川内**：物理的な距離があれば、無理なく「距離感」を持てますよね。例えば、行ったらもう半日かかるよねみたいな場合は、行こうと思っても行けないから、素直に「無理」と言えるわけですよ。「いや、私がどこにいると思っているの、無理だよ」と冷徹に断れるわけですけど、でも近いとそれができないんですね。頑張れば行けちゃうので。

**畑中**：そうなんですよ。歩けば行けるんです。

**川内**：「物理的な距離がない場合は、自分が距離感を意識してつくらなきゃいけない」と思っていただけたら、と思います。

――ちょっと不躾《ぶしつけ》なんですが、畑中さんは親からの電話を着信拒否するのはどう思われます？

**畑中**：えっ、親の電話を着信拒否するんですか、うーん……。

**川内**：着拒、オーケーだと思います。全然問題ないです。

――ですよね？　私もすっかり「親不孝介護」に染まっているので（笑）、そう思うんです。こんな話をしたのは、先日この話題が同世代の酒の席で出て「介護は家族に大変な負荷がかかるよね」というところまではみんな意見が一致したんですが、「親の電話に出るのがしんどい。本音では着拒したい」と漏らしたヤツがいて、そうしたら場の雰囲気として「気持ちは分かるけれど、それはやり過ぎだろう」となって、「えっ、そうなの？」と。

**川内**：当然着拒していい、とみんなが思っていないことに驚いたわけですね（笑）。

**畑中**：うちの父の電話は、なぜかタイミングが悪いときに来る気がするんです。

――いや、うちもそうでした。たぶん日本中の子どもたちがそう思っているんじゃないかと。

**畑中**：私には2人の子どもと夫がいて、仕事もあって、そっちのほうをもっと本当はやらなきゃいけない。だから、思い切って、と思うことも正直あるんですけれど、やっぱり着信拒否ってすごくきつい言葉ですよね。

**川内：**そうですね、言葉がよくないですよね。でも、畑中さんの負の感情のトリガーがお父様からの着信によって引かれてしまうのなら、それはお父様の介護にとってもよいことにはならないです。これ、距離の話と同じだと思うんです。意識して間を空ける必要がある。

## 親は子どもに「何か」を与えたい

**川内：**私、最近、介護って、与えるものじゃなくて受け取るものなんだと思うんですよね。

――またオンライン会議の制限時間ギリギリですごい話を始めましたね。

**川内：**すみません（笑）。相手が弱っていく、だから欲しいものを与えてあげなきゃいけない、と思うかもしれないですけど、でもご本人は与えてもらいたいことではなくて、自分が何を残していけるかを気にされるんです。

**畑中：**なるほど。

**川内：**だから、ご本人は何かを与えたいんです。それは遺産とかじゃなくて。親が与えたいものに子どもの側が「うん、これだね、確かに受け取ったよ」と気付いてあげられるのが、きっといい家族関係なんだろうし、いい介護なんだろうなと思うんですよ。

**畑中：**確かに「してもらっているばかりで心苦しい」という気持ちも感じていました、父から。

何か自分もしてあげたい、例えば「孫にちょっとお寿司を注文してあげたい」とか。

**川内：**ああ、いいですね。親って、私も一応人の親になってみて多少分かったんですけど、やっぱり子どもに何かしてあげたいじゃないですか。だから、この親という存在を肯定するという意味では、やっぱりこちらが、いくら弱ってもその人から「受け取らなければ」いけないんだと思うんですよ。

**畑中：**親が何を与えたいと思っているのか、そこを感じ取れるように研ぎ澄ましていった方がいいですね。

**川内：**そうですね。だからこちらがやってあげたり応えてあげたりすることだけが介護じゃないんじゃないかなと。私は、ああ、このケア、うまくいったなというときって、だいたい利用者さんとそういう関係性、「受け取ることができた」ときだったりするんです。

**畑中：**そしてそこに気付いて、親にこちらから言わないとだめですね。「受け取ったよ」と。

**川内：**そうなんですよ、そういうことなんです。だけどこっち側に心の余裕がないと、親がせっかく与えようとしてくれているものが見えなくなるんですよね。

**畑中：**それ、分かります！　ああ、そして伺いながら、『ムーミン谷の冬』に登場する「ヘムレン」という、周囲の世話を焼くのが大好き、というか使命感に満ち満ちているキャラクターを思い出しました。

――いましたね、うざったいくらい陽気で、やや周囲から浮いている。

**畑中：**ええ、ヘムレンはお節介過ぎて皆に煙たがられるほどなのですが、ただ一人、みそっかす的な存在の「サロメちゃん」だけはヘムレンを慕っているんです。ヘムレンはサロメちゃんに対しては塩対応でしたが、ヘムレンが嵌《は》められそうになった際にサロメちゃんが捨て身の行動に出てようやく思い出すのです。サロメちゃんがいつも一生懸命、自分に思いを伝えようとしていたことを。そしてヘムレンは「どきっとして」気付くのですよね。「ぼくはどうも、あの子にやさしくなかったぞ」って。

――思い出しました。やってしまった後に気が付く。子どもの頃は「なぜ最初から分からないんだろう」と思っていましたが、大人になりすぎた今なら痛いくらい分かる。

**畑中：**分かりますよね。それにちゃんと気付ける自分でいたいと思います。

畑中さんの、お父様の入居までのプロセスはとてもうまくいっていました。お父様に「困ってもらったから」です。だけど入居後に「何だかかわいそう」「ここが最適な場所だと早く納得してもらいたい」と焦るあまり「親孝行介護」に。でも、普通はそういう気持ちになるのが当然だと思います。難しいですが、親御さんのためにこそ「距離を取る」のが大事なのだ、と信じて、介護スタッフを信頼していきましょう。

「仕事より、
父と散歩していたほうがいいな、
とか、つい考えて
しまうんですね」（髙橋秀実さん）

「介護って、
意外かもしれませんが
達成感にハマるんです」（川内）

# 『弱くても勝てます』の著者が認知症に哲学で立ち向かう

ノンフィクション作家

## 髙橋秀実さん

たかはし・ひでみね　1961年横浜市生まれ。東京外国語大学モンゴル語学科卒業。テレビ番組制作会社を経てノンフィクション作家に。『ご先祖様はどちら様』で第10回小林秀雄賞、『「弱くても勝てます」開成高校野球部のセオリー』で第23回ミズノスポーツライター賞優秀賞受賞。他の著書に『TOKYO外国人裁判』『素晴らしきラジオ体操』『からくり民主主義』『はい、泳げません』『趣味は何ですか？』『男は邪魔！』『損したくないニッポン人』『不明解日本語辞典』『やせれば美人』『悩む人』『パワースポットはここですね』『一生勝負』『定年入門』『道徳教室』など。

――「孤独」は感じますか？

「それは学問がないとダメです。お兄さんみたいに学問があるから孤独なわけで、あたしのように学問がないと孤独も何もありません」

虚を衝《つ》かれ、私は言葉を失った。考えてみれば「むなしさ」も「孤独」も学問上の概念にすぎず、その「ある」「なし」も学問体系へのコミットを意味するだけなのだ。「焦り」についても父は「あせりはないけど、あたしは高橋です」と答え、「イライラ」は「するんでしょうね」とのこと。最後に「『混乱』はありますか？」と質問すると、こう答えた。

「混乱はどこでもやってます」

どこでもやってる混乱。確かに混乱こそは世間の常態で、私もすっかり混乱した。

（『おやじはニーチェ　認知症の父と過ごした436日』新潮社　より）

「ボケているのか、とぼけているのか」。『おやじはニーチェ　認知症の父と過ごした436日』を著したノンフィクション作家の髙橋秀実さんは、認知症の父親を、哲学をもって理解しようと試みます。

〝哲学〟という切り口で介護を語る人が現れるとは思いませんでした。どんなお話が展開するのか、予測不能のインタビュー、スタートです。

――『おやじはニーチェ　認知症の父と過ごした436日』を拝読しました。最初は普通に介護のことを書いた本なのかなと思って読み出したら、いきなり哲学の話になっていって。

**髙橋秀実さん（以下、髙橋）：**そうですよね、ごめんなさい！

――いえいえ。本当にびっくりしました。こういう視点の本は空前絶後じゃないでしょうか。

**髙橋：**私も『親不孝介護』を読ませていただいたのですが、これは介護の最中に読めればよかったと思いましたよ。もう、終わってしまいましたけど。

**川内：**本当にお疲れさまでした。

**髙橋：**私の本は、介護をされている方の参考にならないのではないかと、申し訳なく思っているのですが。

**川内：**いえいえ、とんでもないですよ。

――認知症のお父さんの言葉と、哲学の考え方を絡めるというのが、とても斬新です。

**髙橋：**見当識（自分の置かれている状況や、周囲との関係を結びつけて考えることのできる認知機能）を試す質問で「ここはどこ?」と、私が父に質問したことがあって。模範的な答えは、自分の家とか、病院や施設になるのでしょうけれども、父に「ここはどこ?」と聞くと、「どこ?」と問い返し、「ここ」と答えると、「ここって、どこだ?」と逆に質問してきました。

――虚を衝かれますね。

**高橋**：そう、私が最初に質問した「ここはどこ？」という質問が「ここってどこ？」という質問になって返ってきた。「ここはどこ？」の「ここ」はその場所を指しますが、「ここってどこ？」の「ここ」は一つの概念ですよね。場所についての問いかけが、概念の所在についての問いになる。これってもしかすると認知症というより、ヘーゲルとかが言っていた哲学的な問題なんじゃないかと思った次第なんです。

――とはいえ、親子の間だと、普通はイラっとくるところだと思うんですが。

**川内**：そうならなかったのはなぜなのか、じっくり伺っていきたいですね。

## 地域コミュニティが生きていた

――そもそも髙橋さんが、お父さんを介護するようになったきっかけは？

**髙橋**：2018年暮れに母が亡くなったとき、町内の民生委員の方が「お父さんは認知症ではないでしょうか？　相談にのりますよ」とおっしゃってくださいまして。「まずは要介護認定の申請を」とアドバイスしてくれて、「地域包括支援センターの人が町内会で営業している喫茶店に来るから、そこでまず会って……」と何をすればよいのか全部教えてくれたんです。

**川内：**それはよかったですね。

**髙橋：**地域包括支援センターの方に相談したら、要介護認定の申請方法や介護サービスの種類などを一通り教えてくれました。介護保険はシステムとしては複雑かもしれませんが、かみ砕いて親切に教えてくださったので、言われた通りに手続きをしました。近所でも「この人なら大丈夫」と評判の小暮さん（仮名）に、ケアマネジャーをお願いすることにして。

小暮さんは父と上手に話を合わせるし、こちらの質問に対してもテキパキと答えてくれました。父と話を合わせながら同時に私たちと段取りを進めるという神業のような会話のできる人でして。施設の利用については、「デイサービスを利用したり、老人ホームに入居しても、家に戻ってきてしまいそうなので、もう少し様子を見たほうがいい」ということでした。一度施設にご迷惑をお掛けすると、再利用が難しくなるそうで。

父の場合は「定期巡回・随時対応型訪問介護看護」（月2万円ほどの自己負担で、家に緊急通報用の電話が設置され、依頼すればヘルパーの家事援助や定期的な訪問看護の利用も可能）がいい、と勧められたんです。これが本当にありがたいサービスでして。

実家のまわりは共同体意識がわりと強いのかもしれませんね。ご近所の皆さんも以前から高齢の両親のことも見守ってくれていたんです。父が要介護ということになり、改めて菓子折りを持ってご挨拶に回りました。町内会の食事会などにも積極的に参加して、あらかじめ「ご迷惑おかけして申し訳ありません」と謝りました。父はいるだけで迷惑ですからね。「うちのおやじは認知症です」と言いながら、私の携帯番号を渡して、何かあればすぐに連絡をしてください、とお願いしました。でも電話はほとんど来ませんでした。

父はあちこちでウロウロしたり、何かしらやらかしていたと思います。でもご近所の方々は「これぐらいはまだ大丈夫」と見守ってくださったんでしょう。皆さん「自分たちの生活を大切にしなさい」と言ってくださっていました。電話一つするにも気を配ってくれたんです。

介護って、何かする、ではなくて「あえて何かをしない」ということでもあるんですね。ヘンな行動を目撃しても、それをあえて言わずにのみ込んでいてくれる。ご近所の皆さんが「あえて何もしない介護」をしてくださったおかげで、大きなトラブルもなく過ごせたと思っています。

――「親不孝介護」にもつながりますが、あえてしない介護ってすごく面白いですね。

**川内**：一般的な考え方だと、何かやることが介護だと思われていますが、専門職として思うのは、介護で一番難しいのは「見守り」なんです。つまり、何もしないこと。

その方がご自身でできる、ぎりぎりのところをどう見極めて、その中のことなら手を出さない。そういうことが介護では一番高度だし、難しい。でも、それを地域の方がやってくださったというのは、お父様がすごくいいご近所付き合いをされてきたのだなと思いました。もし、ご近所さんとの関係性が悪かったら、そうはなりません。お父様が地域の皆さんに愛されて、サポートしてもらえるような人柄だったからではないでしょうか。

## 「家父長制型認知症」の父親と同居をしてみて

**川内**：髙橋さんはしばらくお父様と同居されたのですね。

**髙橋**：「家父長制型認知症」という、これは私が名付けたんですけれど、「座っていれば周りの家族が全部やってくれる」という中で暮らしていた父だったので、一人暮らしはとても無理だろうと思いまして。母は前日まで元気だったのに、急性大動脈解離で突然亡くなってしまったので、私なんかでもなかなか受け止められませんからね。とりあえず妻と一緒に実家に住むことにしました。実家は家から車で40分くらいで行けるところだし。

**川内**：たいていはそういう「一緒にいないと心配だ」という、ご家族の反応が、今の日本の介護問題につながるんですよ。なぜかというと、「これはまずいぞ」という場面を見れば見るほど子どもは不安が増幅されてしまうからなんですね。

**髙橋**：なるほど。だから距離を取れ、と川内さんはおっしゃっているわけですね。

うちの父の場合は、認知症になる前からとぼけたことを言う人で（笑）。普段から「自分って俺？」とか言うし、「今日は何月何日？」と聞くと、わざと古い新聞を持ってくる。「それ、今日の新聞じゃないでしょ！」と、こっちが突っ込むのが決まりになっていたりします。

――……失礼な物言いですが、認知症になってから人格が変わったように見える、といったギャップがあまりなかったんですかね。

**髙橋：**なかったですね（笑）。父のとぼけたところに慣れていたので、それほど腹も立たないし。母が生きていたときは「大丈夫、大丈夫」と母にフォローされていたので、問題も露呈していなかった。

身の回りのことをすべてこなす母が認知症になっていたら、父と同じように接することができたかというと、そのときは愕然《がくぜん》としたかもしれません。でも父については、最初から家のこともできないので、できないことが分かってもショックはないです。日頃からとぼけていたので、ボケてもあまり変わらないし。

**川内：**ああ、とても珍しいケースかもしれません。そういうお話を伺うと、お互いに自分の本質というか、父や息子といった役割の仮面をつけずに、「本来の自分」として家族と付き合っておいたほうが、認知症になったときに家族との関係に落差がなくて済むんだろうなと思います。立派な父親でいられなくなった瞬間に、家族から「お父さんはそんな人じゃない！」と言われるより、「お父さんは昔からこういうところがあったな……」と思われたほうがいい。

**髙橋：**父はお調子者で、口癖は「俺のようになるな」でしたから（笑）。

**川内：**話を戻しますが、それでも、髙橋さんはお父様を一人にしておいたらマズいと思ったんですよね。

## 朝4時からべったり貼りつく父に疲れ果てる

**髙橋：**一人で暮らしていたら、家の中で何をしでかすか分からない。すでにしでかしていましたから。新聞や軍手を冷蔵庫にしまっていたし、雑巾で食器やテーブルを拭く。灯油のストーブを使っていたので火の始末も心配です。そもそもご飯を誰かが用意しないと食べない。このまま放置したら死ぬんじゃないかと思って、しばらく様子を見ようと一緒に暮らしました。

でも一緒に暮らしてから気付いたのですが、父はこれまで一人暮らしをしたことがないんです。「できない」のではなく「したことがない」。ならばもしかしたらできるかもしれない。一人で暮らせるかどうかは、一人にしてみないと分からない。誰もいなければ自分でやるかもしれない、ということで、私たちは家に戻って、父に一人暮らしを試してもらうことにしたわけです。いざというときのために「定期巡回・随時対応型訪問介護看護」があるわけですから。

**川内：**ちょっと意地悪な質問ですけど、そう思ったのは、髙橋さん自身が正直、一緒に暮らすのがツラかったり、疲れてしまったりという背景もあるのでしょうか。

**髙橋**：はい、それはあります。父が朝の4時から私に貼りついている。いわゆる「濡れ落ち葉」状態になってしまったので。父がべったりくっついたまま、同じような話を一日中繰り返されるわけです。はぐらかすために、「そろそろ、ほら行かないと」と散歩に出たり。その散歩も最初のころは付き合っていたのですが、父は1日に8回ぐらい散歩するので、こちらは足がパンパンになって、さすがにこれはキツいぞ、ツラいぞというのがありました。

あとは、私たち夫婦が実家にいることで、父は母が亡くなったことを認知できないようでして。私がちょっと母に似ているところがあるのか、父が私を母的なものとして捉えている節があって、母が死んだことを何度も伝えても理解できない。それも分かってほしくて、父を一人にしてみたんです。

そうしたらたちまち効果があって。電話をすると、父が出て「今、お母ちゃんに代わるよ。2階にお母ちゃんがいるから」と探しに行って……。

――えっと、お母さんは亡くなっているのに。

**髙橋**：そう、そして「今、寝てるよ。コタツに入ってさ」と言うんです。私と暮らしていたときは、母のことをほとんど忘れたかのようだったのに、一人暮らしで母の存在が甦ったんです。「寂しい」という気持ちから、存在を思い出したのかもしれません。

**川内**：私が代表理事を務めるＮＰＯ法人となりのかいごで、家族介護に関する調査を行った際に「家族が認知症になったら、誰かが必ずそばにいるべきか」という設問には、「はい」と答えた人がほとんどでした。「親不孝介護」を推奨している身としては、「別に認知症になっても一人暮らしができないわけではないし、親子でイライラしてまで、なぜ同居にこだわるのだろう」と思っていて。髙橋さんのお話を伺って、「環境を整備すれば、認知症になっても一人暮らしはできるし、そのほうが親子にとってもストレスが少ない」と改めて思いました。

ただこれは、他人様の親子関係だから言えることで、これが自分と自分の親になったとき、私も親のもとに駆けつけてしまうかもしれないわけです。

**髙橋**：やはり近くにいて手取り足取り親の面倒を見てあげるべきだ、という気持ちはなかなか消せませんよね。

## 余命わずかの義父のために白菜を漬ける!?

**髙橋**：25年前、妻のお父さんの介護をしたんです。実家（富山県）で1年ぐらい同居して。

**川内**：同居したんですか！

**髙橋**：そのときに余命わずかの病床のお義父さんが「白菜の漬物が食べたい」とつぶやいて。

髙橋秀実さん(右) (写真:大槻純一、189、190ページも)

私は「分かりました」と白菜を一玉、ホームセンターで漬物樽を買って、料理本を読みながら白菜を数日天日干しにして、塩を振ったりして。自分の親孝行ぶりに感動して涙ぐんだりしながら白菜の様子を毎日じっと見ていたら、妻に「そんなことをしている場合?」と怒られて。

――いつ、誰が止めるのかなと思っていましたけど(笑)。

**川内**:……ですよね。

**髙橋**:「他にもやることが山ほどあるのに、何やっているの!」と。概して男って、自分ができること、あるいは自己満足にハマり込むと他のことを一切忘れて突っ込んでいっちゃう。

**川内**:いや、そこですよ。

**髙橋**:冷静に「今やるべきことは何か」と考えれば、少なくとも白菜を漬けることではないはずなんです。だけど労力をどう配分すればいいのかを考えられなくなってしまって。

――漬物樽に全部ぶっ込んでしまう。……分かるなあ。

**髙橋**：話は戻りますが、自分の父の散歩に付き添うのも、だんだんと「父との散歩」にハマってしまって。「俺、今日も8回散歩に行ったぜ」みたいな。ご近所さんに「父は今こんな状態です」「息子はちゃんと付き添っています」とPRできるからいいといえばいいんですけど。

**川内**：なるほど、その効果は期待できますね。でも8回はちょっとやり過ぎですね。

**髙橋**：父は記憶がないので、毎回フレッシュな気持ちで出かけるんです。こっちは「また？」と思いながら、父に合わせて行くので、余計に疲れる。でも散歩＝親孝行みたいな感じになってきまして。過度な散歩に行かせないことが大事なのに、散歩がものすごく重要な親孝行に思えてきて。筋肉痛こそ親孝行の証しみたいな（笑）。できることがあるとそこに見境なく入り込んでしまう。すごい労力を投入した親孝行、自己満足の介護でした。あとで間違えていたと自覚しましたけど。

ただ、私、やっぱり仕事があまり好きじゃなくて……。父と散歩していたほうがいいな、とか、つい考えてしまうんですね。こっちのほうが達成感あるし。

**新潮社の担当編集**：…えっ（笑）。

――いやいや、髙橋さんならお仕事も達成感あるでしょう。面白い本をたくさん書かれているんですから。

## 介護をしているほうが仕事より達成感がある

**髙橋：**ないですよ。例えば父が高齢者用の公共交通のパスをなくしますよね。家の中でそれを探して、見つかると父も私も、すごく達成感があるわけですよ。ところが、原稿って読者次第ですから、書きあげても、よかったのか悪かったのか分からないんで、本人には達成感がない。

——ええっ。

**新潮社の担当編集：**……えええっ（笑）。

**川内：**介護って、ハマるんです。なぜなら髙橋さんが言われた通り「達成感がすごい」し「やりがいがある」からだと思います。

介護の仕事はキツい、と思われているので皆さん意外に感じられるようですが、利用者さんから直接リアクションがもらえるので、すごく楽しい面があるんです。

**髙橋：**あと、やはり「親孝行」という大義でしょうか。人として正しいことをしているという充実感かもしれません。原稿のほうは人の道に外れているような気もするし。

**川内：**そうなんですか（笑）。ただ、介護の仕事は、その達成感の気持ちよさにハマり過ぎると自分を見失うリスクがある。ついやり過ぎてしまうんです。

## 妻から「いい加減にしろ」と指摘されて

**川内：**それにしても、髙橋さんは直接お父様の介護をしながら、よくご自身の客観性を保たれましたね。紛失物を見つけて喜び合い、達成感も得ながら、「自己満足的な介護は間違いだ」と気付ける。どうしてそういう両立ができたんでしょうか。

**髙橋：**基本的には妻の「いい加減にしろ」という指摘のおかげですね。「介護を言い訳にして、仕事から逃げるな」って（笑）。

**川内：**なるほど（笑）！

**髙橋：**もともと仕事から逃げたいタイプなので介護は逃げる口実になります。締め切りを過ぎても「実は介護が」と言えば、編集者は「大変ですね、お疲れさまです」と労ってくださるし。

**川内：**「あなたは、介護に逃げているのではないですか？」と言いたい気持ちになる人は、実はたくさんいるんです。

――介護が目先のやりたくないことから逃げる場所になることもある。

**川内：**そうです。そして、髙橋さんのお父様のようにオーバーリアクションで喜んでくれたり、探し物を一緒に見つけたりしたときに達成感が得られたりして、「これが親孝行なんだ」と思うと、「今まで、俺はずっと親不孝だったな」と錯覚する。こうなるとなかなか自分では、やり過ぎていることに気付けなくなりますよ。

——それってまさに『親不孝介護』で書いた「親孝行の呪い」じゃないですか。親は子どもに依存してできることが減り、子どもは親の症状の進行に、だんだんやりがいを感じられなくなってストレスが増えていく。

**川内：**親に対しての後ろめたい気持ちの解消や、やりがいを介護から得ることはできます。だけど、私たちの言うところの自立支援とか、その方の「自分のことを自分でする」という権利を妨げている。「あなたのやっていることは親孝行と言えるのでしょうか」と問いたい。

——そこをずばっと突いた髙橋さんの奥様は素晴らしい。

**髙橋：**でしょう。私もそう思います（笑）。

## 認知症の新しい捉え方

**川内：**お父様と同居されていたとき、その言動に対して「これは一見意味がないようでいて、哲学的に考えればこういう意味なのかもしれない」と、相当考えていらっしゃった。今回書かれた『おやじはニーチェ 認知症の父と過ごした436日』は普通の介護録ではなくて、いわば「認知症の新しい捉え方」の挑戦のような本にもなっています。ただ、そんな接し方をしていたら髙橋さんもお父様もお互いに疲れてしまいませんか？

**髙橋：** いやいや、全然疲れませんよ。はじめのうちは父とまともに受け答えして振り回されていましたが、「わけの分からないことばかり言うんだよ」と妻に話したら、「メモしてないの？」と言われて、あ、そうかと。

普通は人の話をいちいちメモしていたら疲れてしまうと思いますが、私にとっては職業病といいますか、普段からやっていることなので、そのほうが楽なんです。ポイントは話を要約せずに一字一句正確に書き起こすこと。例えば私が「お父さんは認知症？」と訊いたときに父が「ヤマモトハツエ？」と訊き返したんですが、そういうときも「ヤマモトハツエ？」と書く。聞き間違いや言い間違いもきっと何かを意味している。あとでじっくり考察するためにも正確な記録が必要なんです。

それに私が一生懸命メモを書いていると、父も「俺の話、そんなに面白い？」と気分がよくなる。それとメモを書くときは目線を下に落とすでしょ。目と目を合わせて会話するとだんだん苛立ってきますが、目線を外しているとしゃべりやすくなるんです。

**川内：** なるほど。

――すごい、面白い。けど、これはなかなかマネできないですね。

**髙橋**：妻に言わせると、これも一種の現実逃避らしいですけれど（笑）。このこと自体に夢中になっちゃうからでしょうかね。

**川内**：よく分かりました。他の人からどう思われようと、自分らしく、楽な関わり方をしていいのだと思います。一方で介護って、頑張ったり、ツラい思いをしたりすることが〝目標〟になることがあります。「ツラくなければ介護ではない」みたいな。髙橋さんもはじめのうちは、自分が苦労しなくてはいけない、みたいな感覚ってありましたか。

## なぜか奥さんの言うことはよく聞いた

**髙橋**：あったかもしれません。父との散歩の筋肉痛で介護を実感するような。そこにストップをかけてくれるのが妻でした。「それって自己満足だよね」と。父の反応を見て、それを感じとっている様子もありましたし。

『おやじはニーチェ』にも書きましたが、父はなぜか妻の言うことには従います。たぶん自分のことを分かってくれる相手と本当に頼れる相手は違うんでしょう。父はニーチェと同じように力関係にとても敏感でして。自分のことを本当に助けてくれるのは誰なのか見抜いていたんだと思います。おそらく私の自己満足も感じとっていた。
認知症のテキストに「大丈夫だよ」と声を掛けましょうとあったので、私も「大丈夫、大丈夫」と連呼していましたけど、それは相手を安心させるのではなく、介護者が自分に言い聞かせているだけなんですよ。大丈夫でないことは本人が一番分かっているわけですから。実際、父は妻から「大丈夫じゃありません」と言われたら、「やっぱりそうか」と何やら脳の回路がつながったみたいで、シャキッとしました。電流が通じて再起動した。そんな印象でしたね。

**川内：**どこまでが自己満足、どこまでが要介護の人のことを思ってのことなのかは難しい問題です。その境目をどうやって見つけていくのかが、介護ではすごく問われていて。髙橋さんは奥様が軌道修正をしてくださったようですが、それがなかったらどうなっていたと思いますか。

**髙橋：**考えただけでゾッとします。一日中散歩ばかりしている、地域でも有名なバカ親子になっていたことでしょう。「孝行息子」と呼ばれたりして（笑）。そうならなかったのは本当に妻のおかげです。

## 「親孝行」という言葉の本当の意味

**髙橋：**親孝行というのは儒教の考え方なんです。儒教の『礼記《らいき》』という経典を読んでみると、ほとんどが親の葬儀の指南です。つまり親をきちんと見送ることが親孝行なんですね。特に注目すべきは「身は父母の遺體《いたい》なり」という一節。普通、遺体って死体のことですが、自分のこの身こそが父母の遺した体だということなんです。いってみれば父母の形見。自分の体を大切にすることが親孝行であって、介護する側の子どもが親孝行だと思って無理をして倒れてしまったら、それこそ親孝行どころではない。

**川内**：そうですよね。

**髙橋**：子どもが親のために何もしなくても、親は許してくれるような気がします。介護云々より、親より長く生きることが親孝行なんじゃないですかね。

**川内**：「本当の親孝行って何だろう？」ということを、自分の頭で考えてみた人というのがどのくらいいるのだろうかと。みんなと同じことをするのに注力している方が多い。でも、それぞれの家族関係は異なるじゃないですか。

**髙橋**：私の父のようにボケているのかとぼけているのか分からない人もいれば、立派で威厳のある人もいるし、きちんと生活設計を立てる人もいますしね。

**川内**：ならば、家族にはそれぞれの距離感があっていいのに、世の中のステレオタイプに合わせようとする。

――よくある「死に目」へのこだわりも「最期の瞬間は、やっぱり手を握って涙をこぼして……」でありたい、と願っているからでしょうね。

**川内：**私はそういう「人に合わせる」ことで考えることを放棄するのが怖いと思うんです。『おやじはニーチェ』から哲学を学んで、もっと考えたほうがいいかもしれないですね。

**髙橋：**いや、それはやめたほうがいい（笑）。あくまで一つの例として読んでいただければと思います。誰もがそれぞれ一つの例ですけど。

**川内：**そうなんです。「髙橋さんの本にこうあったから」と受け取る側が固定化してほしくない。髙橋さんの考え方に触れてびっくりしつつ、改めて自分なりのやり方というのを考えるきっかけになったら素晴らしいですよね。

**髙橋：**ありがとうございます。『おやじはニーチェ』は、介護というより認知症がテーマなんです。「認知障害（認知症）」というからには「正常な認知」が前提としてある。「正常」があるからこその「障害」ですからね。では、どういうふうに物事を認知するのが正常なのでしょうか？　ということを考えていて。

記憶は相対的なもので、みんなが忘れていれば、なかったことになる。記憶や事実は共有されてこその記憶や事実。一人だけが覚えていてもそれは妄想みたいなものですからね。統計によると90歳以上になると、過半数が認知症になります。そうなると認知症になることが正常で、認知症にならない人が異常ということになる。昨日のことを覚えていると「お前、何を言い出すんだ！」となりかねないわけです。締め切りだって私と編集者が共に忘れればなかったことになる。

**新潮社の担当編集**：えっ（笑）。

――本の中でも「認知症は『甘えるな』というコンセプトで構成された症状である」という話から、西洋の哲学も全体に「（他人に、社会に）甘えてはいけない」という、分離を志向しているというご指摘がありました。一方で、東洋はどちらかといったら、甘えさせてくれて、叱らないで抱擁してくれる、一体化を志向する。ここもすごく面白かったです。

**川内**：一見すると社会から逸脱した行動が出てしまうのも、認知症の症状ですからね。

**髙橋**：これも『おやじはニーチェ』に書いたのですが、日本語というのは認知症的な言語だと思うのです。過去のことを「水に流す」として、なるべく忘れてあげるとか。俳句に季語があるのも、出来事を忘れちゃうから、季節を織り込んで心に刻もうとしているんでしょう。主語を言わないのも相手の名前を忘れがちだから。「そうだったっけ？」の「け」も、おとぼけの「け」。忘れたふりをして水に流す。日本文化には人の過ちをなるべく忘れてあげて、やり直しができるようにするという認知症的な計らいがあるような気がしています。

――「いつまでも覚えていることは『根に持つ』などと言って忌避される」わけですね。

**髙橋**：そのあたりをギスギスさせているのは、ニーチェも言うように、記憶というのは貸したお金を返してもらうというのがベースにあるからじゃないでしょうか。

つまり債権と債務の関係。絶対に忘れさせないために体に刻み込む。肉体の一部を担保に取っていたくらいで、それが人間社会の記憶のルーツ。記憶がないとビジネスも成り立たないでしょう。だから「絶対に忘れるなよ」と頭に釘を刺すわけです。

父についても記憶のなさを嘆くより、「よく忘れられるなあ」と感心しました。記憶力が落ちるというより、忘却力が増強されるというべきでしょうか。ギリシャ神話のように「忘却の河」の水を飲んで、すっかり過去を忘れ、生まれ変わろうとしているかのようでしたね。もしかすると忘れる門に福も来るのかもしれません。


上手にメモを取りながら、自分のストレスも親の機嫌もうまくこなしていった髙橋さん。実は書籍を読むと、その髙橋さんでも、お父様が体調を崩して入院したので付き添ったら、ストレスが溜まって、強い言葉も出てしまったと打ち明けています。距離が取れなくなると、あんなに穏やかで冷静な髙橋さんでもそうなる。人の性格や能力を問わず、環境が大事だなと思わされます。

そして、やはりキーパーソンは奥様ですね。判断力に驚かされました。奥様の自慢をする髙橋さんはとてもうれしそうでした。どうぞ末永く仲良くお過ごしください!

「事前に考えておくことが
介護ではとても重要です」（川内）

「FPも同じ、リスク管理なんです。
例えば、明日突然
自分が死んだら家族の生活は
どうしますか？　と」（深田晶恵さん）

# 「人はいつか死にます」から FPも介護も始まる

ファイナンシャルプランナー(FP)

## 深田晶恵さん

ふかた・あきえ　生活設計塾クルー取締役、ファイナンシャルプランナー、CFP認定者1級FP技能士。1967年北海道生まれ。日本フィリップス(現フィリップス・ジャパン)で8年間勤務後、96年にファイナンシャルプランナーに転身。FP資格取得後、実務経験を積み、98年にFPとして独り立ちする。その後、同じオフィスの仲間と特定の金融商品、保険商品の販売を行わない独立系FP会社「生活設計塾クルー」を立ち上げ、個人向けコンサルティングを行う一方、セミナーやメディアを通じマネー情報を発信する。「すぐに実行できるアドバイスを心がける」のがモットー。

ある日編集Yに届いた『親不孝介護』の感想メール。送り主は以前一緒にお仕事をした売れっ子ファイナンシャルプランナー（FP）、深田晶恵さんでした。深田さんも義理のご両親の介護に直面していたのです。その経験から、「親不孝介護」という考え方をどう受け止めたのか、ご自身の介護体験を通して語っていただこうと、今回の対談となりました。

●

**深田晶恵さん（以下、深田）**：いい本を出版していただいて、ありがとうございます。編集Yさん自身の事例があるので読みやすくて、それを川内さんが汎用性のある考え方に開いている構成がすごくいいですよね。たくさんの人に役立つと思います。私も5冊買って、介護が始まった友人に配っています。

**川内**：それはもう、編集のYさんが赤裸々に体験を書いてくださったおかげで。

——お恥ずかしい体験をさらしてしまいました。深田さんも介護を体験されたとのことで、対談をお願いした次第です。

**深田**：私が直面したのは介護というよりも、看護のほうが近いですね。新型コロナウイルス禍が始まった時期に、義理の両親の末期がん発覚と認知症が2人いっぺんにやってきました。

義母は、2019年の11月ごろに消化管間質腫瘍（ジスト）という消化管の壁にできるがんが見つかり手術をしました。当時85歳でした。10万人に1人か2人くらいしかならないがんで、ショーケン（俳優の故萩原健一氏）がなった病気です。今は、患者が80歳を過ぎていても、医師は手術する方針をとりますね。病院通いは私がずっと付き添っていました。

ところが、手術のための入院中に病棟でインフルエンザがまん延して、面会禁止に。義母と同室の人がインフルエンザになって4人部屋から個室に移され、1週間誰とも会話しないでいたら、すっかり認知症になってしまった状態で退院してきました。幸い、がんは手術で取り切れたのですが、その後、コロナ禍に突入して、緊急事態宣言発令の頃にはかなり認知症が進んでしまいました。そして、20年の年末にがんが再発したのです。

――ああ……。

**深田**：義父は前立腺がんで、認知症というか、重要なことは覚えているから、「ボケているというよりはとぼけている」感じ。私は在宅ワークで原稿仕事と2人のケアをしていたのがコロナ禍の20年です。

**川内**：それは息も詰まりますね。

**深田**：当時のことで、強く印象に残っていることがあります。

義母は再発したがんの治療のために、錠剤の抗がん剤の服用を始めました。一時は薬が効いていたのですが、副作用で体中に湿疹が出てしまいました。定期的な血液検査の際、義母の採血をしたベテランの看護師が「この湿疹は尋常ではない」と気付いて、いつもの外科より先に皮膚科の診察を勧められました。

皮膚科の医師は「この薬はやめたほうがいい」と診断し電子カルテに書き込んでくれ、それを見た外科の主治医が「じゃあ、別の薬にする？　深田さん、副作用で苦しいの？　抗がん剤やめる？」と義母に聞いたんですね。義母は「頑張ります」と返答しました。

――そう聞けば「抗がん剤を続けます」と言っているんだと、医師は受け止めるでしょうね。

## 「頑張ります」の本当の意味は

**深田：**でも、義母をずっと見ていた自分には、義母の心の底に「義父より先に死ねない」という強い思いがあると気付いていたんです。なぜ死ねないのか、それは自分が最後まで世話をしたいから。義母は抗がん剤治療を続ければがんが治る、と思っていたんです。だから「頑張ります」と答えているんだな、と。

――なるほど。自分の回復もさることながら、夫を支え続けたいと。

**深田：**そう。その義母の「頑張ります」に込められた意味をどう医師に伝えればいいのかと、頭がフル回転しました。

義父は90歳を過ぎていたこともあり、義母と同じ病院の泌尿器科の先生から「前立腺がんの治療でこれ以上することはないので、もう病院に来なくていいですよ」と言われていました。そんな義父のお世話をやり遂げたい義母が、副作用の出た強い薬を飲み続けたら、お世話がゆくゆくできなくなるだろうし、休薬をすることで義父の面倒を見る期間をなるべく長くしてあげたほうが義母のためにもなると考えました。

――それで医師にはどう伝えられたんですか。

**深田：**そのままストレートに話しました。義母の前で、義父の置かれた状態とかを話していいのかと一瞬迷いましたけれど、医師に義母の「頑張ります」が言っている意味はこういうことですと、はっきり伝えました。だって、すごく大事なところだから。

主治医もご自身の母親が高齢ながらまだご存命で、そのお母さんのことを思い出したようで「そうですね、うちの母でも私はそうします。抗がん剤よりもQOLが優先ですね」と言ってくれました。

**川内：**主治医の方の心の「スイッチ」が入りましたね。

**深田：**それで義母は休薬することになり、1〜2カ月に1度検査を受けに病院に行くような流れになりました。実の娘でもないのに私もここまでよく言ったな、と思うんですけどね。

**川内：**素晴らしいと思います。医療の現場のお話を伺いましたが、介護にもすごく通じる考え方だと思います。その判断を深田さんに任せてくれるご家族も素晴らしい。

**深田**：実は私、家族中から絶大な信頼がありまして（笑）、義父母のお世話に関しては、全権を任されているんです。もし、これが義母の実の息子たちだったら、義母の「頑張ります」を額面通りに「副作用があっても抗がん剤の治療を頑張ります」って捉えてしまうかも。「がんを治すことよりも、わが夫のお世話が優先と本人は考えているはず」と、実の子が医師に言うのは難しいでしょうね。

**川内**：そう思います。子どもは「とにかく親に元に戻ってほしい、そのためなら多少の苦痛は」と考える、「親孝行の呪い」にハマりがちですからね。

——本人が何を望んでいるかとは関係なく、自分の「親を元通りに」という気持ちを優先してしまう。

**川内**：そうです。

## 医療でのケアマネ的な存在は？

——ふと思ったのですが、医療に関しては、介護におけるケアマネジャーのような、何でも相談できて、アドバイスをくれる人はいるのですか？

**深田**：どうでしょうね。そう考えると、医療のほうがハードルが高いかもしれませんね。

**川内：**生活支援まで考えてくれるタイプの医師もいます。ですので、病気のこと以外、生活全般のことをフォローしてくれるケースはあるかもしれません。ただ、やっぱりそういう人は少数ですね。

――その場合は家族はどうすればいいんでしょうか。

**川内：**在宅医療に力を入れている医師や、病院の医療ソーシャルワーカーがその役割を担うことになります。

――そうだ！　医療ソーシャルワーカーさんだ。本当は、深田さんがお義母さんの気持ちをくみ取って、医師に伝えたようなことをやってほしいところですよね。

**川内：**本当はそうなんですけれど。

**深田：**いや、そこまでは無理でしょう。連続性がないと患者本人の気持ちの底までは分からないから。

――そうか、発言の背景を知らないと難しいですもんね。そこは結局家族の役割になるのかな。

**川内：**相談先としては、やはり医療ソーシャルワーカーの存在は重要だと思うんですよ。お義母さんの「頑張ります」の意味、どうするのが本人のためなのか。それを家族が理解し、相談しようと思ってソーシャルワーカーにたどり着けば、糸口がつかめるかもしれません。でも実際には難しいでしょうね。病院の中の上下関係では、ソーシャルワーカーが医師に異を唱えるのは、なかなかできないんじゃないかと。そもそも深田さんのように、お義母さんの「頑張ります」を聞いて、その意味をちゃんと考えるような家族でないと、相談にもつながらないです。介護でも「だって、母がこう言うから」と、本人の言葉を額面通りに捉え過ぎて、実は望まれていないサービスを選択している人から相談を受けることがあります。「そうなんですか。でも、お母さんは本当にそう思っているんでしょうか？」と問いかけて、一緒に深掘りしていくと、真の答えにたどり着く方もいます。

## 医療は反攻戦、介護は撤退戦

**深田**：そういうやりとりは診察室では難しいですよね。

**川内**：おっしゃる通り、診察室では困難です。医師の言うことは決定事項ではないし、本人の望みとは無関係に決められることも、正直多々あると思います。医療関係の方は、「治療」で考えますから。でも介護は必ずしもそうではない。

——医療はいわば、失った領土を取り返す反撃、反攻の戦いだけど、介護は「撤退戦」だからですね。本人と周りにダメージが少なくなる方向で考えることが必要で、回復を目指すとみんなが苦しくなる。

**川内**：基本的に老化は止められないですから。だから、介護のベストアンサーと医療のそれとが合致しないことは珍しくない。そして、介護が始まれば医療との関わりはほぼ必ず発生します。ご家族がその認識を持っていることは、すごく大事です。

――そうか、深田さんはまさにそのギャップ、介護と医療のはざまに立たれてしまったわけですね。

**深田**：そうそう。本人は認知症だから、会話だけから本心をくみ取ろうとしても本当のところは分かりません。分からないけれど、これまでの家族としての経験を通して私が「きっと、こういうことなんだろうな」と「頑張ります」を翻訳していたわけですね。もちろん、義母のためでもありますけど、副作用のある薬を使い続けて義母の具合が悪くなったら、家族だって大変ですから。

――考えてみると、家族にとって、医療は圧倒的にプロのお医者さんのほうが〝強い〟し、相談窓口もない。一方介護は、プロと、家族の間に入るケアマネがいて、何でも相談できる窓口として自治体が「地域包括支援センター（包括）」を用意している。家族の側からしたら、医療に比べて介護のシステムはすごくフレンドリーにできていますよね。

**深田**：それはその通りだと思います。なので私は今回は「患者の家族のプロ」になろうと思ったんですね。

——医療のプロではなくて、患者の、しかも家族のプロ。

**深田**：私は15年に初期の乳がんになって、その治療をしていたときに「患者のプロ」になろうと思ったんです。家に余っていたリングノートがあったので、診察のときにそれを膝の上に置いて、医師と話したことをその場で書き取りました。医師に会う前には乳がんのことをいろいろ調べて、治療方針とか、術後に何をするとかを書いておいて、医師がそのことをいったらその部分に〇をつける。質問も書いておいて、答えてもらったらそのノートにどんどん書き込んでいく。

**川内**：なるほど。医師の指示をただのみ込むのじゃなくて。

**深田**：はい、健全な疑問を持って、ちゃんと質問して説明してもらって、納得して治療を受ける「患者のプロ」を目指そうという目標を立てて。言葉一つ取っても、医師が言うことって、聞き慣れなかったり意味が分からなかったりすることが多いじゃないですか。そういったことを流さずに、リングノートを活用しながら「今、医師はこういうことを言っている」「ならば自分はこういう疑問を持つのだが」「なるほど、そういうことか」を繰り返して、患者のプロになったわけです。

——言い換えれば、医師と合理的な会話ができるくらいに自分で勉強して、相手にも一目置かれるようになっちゃおうという。

**深田**：はい。そしてこの経験を今度は義父母の介護と看病に生かして、「患者の家族のプロ」を目指しました。

――医療と介護のギャップで、間に入ってくれる人間がいないなら、自分でなっちゃおうということですか。

**深田**：そうです。『親不孝介護』に、（あとから家族になった）お嫁さんのほうが「親孝行の罠」にハマりにくくて上手に介護できる、というお話がありましたが、私はちょうどそんな感じだったのかもしれません。

特に認知症の家族がいる人にはノートの活用はお勧めです。認知症だと会話の内容をすぐに忘れてしまいますけど、それでも、医師と話すときに本人の前では言いにくいことってありますよね？

**川内**：そうですね。

**深田**：義母は訪問診療と外来を同時に利用していたときがあるのですが、例えば、外来の主治医が言っていた「（義母のがんは）完治の見込みはない」など、「義母には聞かせたくないこと」をノートに書いておいて、訪問診療の医師に看護師が義母のバイタルチェックをしている間に該当ページをサッと見せて読んでもらう。訪問診療医は、目だけ動かし「分かりました」

ファイナンシャルプランナー・深田晶恵さん（右）

と表情で返してくる。とても便利ですよ。

――〝患者のプロ〟と〝患者の家族のプロ〟の違いはどこですか。

**深田**：もちろん「本人が患者か、患者ではないか」ということですが、これは言い換えれば、患者は1人だけど、家族は私1人ではない、ということでもあります。〝患者の家族のプロ〟は、家族と医療関係者の間に立って、両者をつなぐ役割になるわけです。

――他のご家族から、義父母のお二人の医療・介護については全権を委任されていた、とおっしゃいましたよね。

**深田**：はい。ありがたいことに家族中から信頼されていて、全権委任されていましたが、私だけ情報を独占していたら、みんなの気持ちの足並みがそろわないかもしれない。それは困るので、夫の兄弟とその配偶者6人のＬＩＮＥグループをつくって、週1回ペースで義母の状況を伝えていました。

――そこまでやっていたんですか。

**川内**：施設の利用は考えませんでしたか？

**深田**：義父を施設にお願いしなかったのは、義母が認知症になっても、さらにがんが進行しても「自分は夫の世話をする」という決意が本当に最期まで崩れなかったことがあります。義父は自分が施設に入る気持ちは０％で、さらに義母のがんもどんどん進んでいきました。そんな2人を同時に受け入れてくれるような施設は思い当たらない。「この先、どうなるのかな」と思わず不安になることもありました。もし、義母が先に亡くなったら、仕事をしながら義父の介護を担うのは私には無理。そうなったとき、義父の施設入所は果たして可能なのか、とか。

いろいろなシミュレーションをしたくても変数が多すぎて無理なんですよ。コロナ禍がどうなるのかも全然見えなかったし。なので、何かがあったときは「その都度考えよう」と、考えなくちゃいけないタイミングが来たら、そこは逃さずジャッジしていく、ということだけを夫と話し合って決めました。

結局、義父は老衰で義母よりも先に亡くなりました。93歳でした。その後、義母は病院の主治医から「抗がん剤治療をやめるなら、病院は卒業しよう」と言われて、訪問診療1本に絞ることになったのです。

## 「お医者さんがそうおっしゃるなら」で終わるか、終わらないか

――治療を目指す「医療」、本人が満足のいく生活を目指す「介護」。双方の目的が違うため、「医療と介護」が同時に必要になったときに、どちらを優先すべきかが大きな問題になります。医療にはソーシャルワーカー、介護にはケアマネジャーと、どちらも相談できる人がいますが、両方をつなぐ人がいない。

**深田：**いなかったから、自分でやった、ということになるかもしれないですね。

**川内：**これはすごく大変だと思いますよ。でも、病気を抱えながら介護の状況になるという方はたくさんいらっしゃるので。

――ですよね。私の場合はまだ両方同時というのは体験していませんが、この先母が衰えていくにつれ、両方のギャップが出てくるかもしれない。

**深田：**脅かすわけじゃありませんが、そうなる可能性はありますよ。

**川内：**そのバランスをどう取るかみたいなことを一緒に考えてくれる人は、まずはケアマネなのでしょうが、なかなかそこまで関わらないというか、関わりたくないというか……。

**深田**：医療の専門知識を持つケアマネは少数でしょうから、積極的には関わりたくないでしょうね。「お医者さんはどう言っているんですか」と聞くしかないかも。

**川内**：はいそこです。ここで大事なことは、もし、ケアマネが関わっていたら、「お医者さんが、そうおっしゃっているならば、そうなんじゃないですか」で終わらせると、そこにコミュニケーションエラーが起きている可能性がある。

ケアマネは医療的な判断とか治療方針を決めることはもちろんできません。できませんが、担当した要介護のご本人の生き方、人生で何を大事にしたいか、という気持ちには触れているはずなんです。だから、「この人はこういうことを大事にされている方なんです。その上で、お医者さんからの話はどう聞こえますか？　その治療を受けないという選択肢はないでしょうか」といった切り返しができるといいなと思いますけど。

――なるほど！　でも、難しいでしょうね。

**川内**：そうですね。でも、ご家族から「本人にとってはどうなんでしょうか」とケアマネに聞いてみることはできると思います。

**深田**：それなら、訪問看護ステーションのナースは、相談する相手としていいと思いますよ。

**川内**：確かに、訪問看護のナースなら話す機会がありますね。どちらでも相談しやすいほうに話すのが良いと思います。ケアマネにも訪問看護師出身の方がいらっしゃいますし。深田さんはナースさんに相談してみたのですか？

**深田：**相談しました。介護と看護、どちらの経験値もあるので、頼りになりますね。義母のちょっとした変化を伝えて、日常生活の注意点などをアドバイスしてもらいました。

――しかしこのお話に限らず、「介護」は「医療」に劣後する気がどうしてもしてしまいます。なぜなんでしょうか。

## 「いつかは親も死ぬ」ことを認めてから始まる

**深田：**ＦＰ相談や知人の話を聞いていると、親が病気になると、どんなに高齢であっても「治療すれば病気は治る」と考える子どもが多いように思います。病気か老衰かは分かりませんが、親もいつかは亡くなるんです。でも「治療をあきらめないのが親孝行」と思うと、違う方向へ行ってしまうかもしれません。

**川内：**そうなんですよね。

**深田：**「いつかは親も死ぬ」ということを、家族が、子どもが認めることで、ようやく「親が本当に望んでいること」も、認めてあげることができるんだと思います。治療を優先すると、親の残りの生活の質の低下につながるかもしれません。

これ、皆さん頭では分かっていることですが、心まで落とすのは難しいです。義母の場合のように、主治医に「次の抗がん剤を試してみよう」と提案されて、「やめておきます。義母のQOLが下がりますから」と即答できるのは、私くらい（笑）。治療が始まってしまうと「次の抗がん剤を使うかどうか、家でよく考えてから次回の外来で返事して」と言われることは、まずないです。治療から撤退するなら、患者か家族がその場で判断することになるのです。

――「何もできなくなっても、親には1分1秒でも長く生きてほしい」と願うのは、子どもなら当然だ、くらいに思っていましたが、「いつかは親も死ぬ」ことを正面から認められないからそうなるのか。そこを認めていれば、「何が何でも治してほしい」という考え方にはいかないかもしれません。そうすれば、「医療」が「介護」より優先だ、と思わなくなるかも。

**川内**：介護を医療に優先させる判断をアドバイスすると「なんだ、お前はうちの親を見捨てるのか！」とおっしゃるような方もいます。もちろん、支援する側はご家族とのコミュニケーションを丁寧に取ってそうならないようにしていかなければならないし、ご家族が親の死を受け入れるのはすごく難しい。深田さんみたいにご自分で気が付く方は稀有《けう》です。

**深田**：仕事柄、病気などで子どもが高齢の親より先に亡くなるケースも見ているので、「年齢順に親から亡くなる」ことは、ありがたいことなのだと常日頃から思っています。その上で、親が居心地のいい最後の時間を過ごすにはどうしたらいいのか考える。同時に子どもの生活も犠牲にしない。こんな話をすると、皆さん腑《ふ》に落ちるようなので、あちらこちらでしゃべり歩いています（笑）。

**川内**：介護の側からしたら、すごくありがたいことです。親の死の受け入れを、私たちがどう支援していくかということが課題で、今のお話を伺っていて、まだまだうまくサポートできていないところだなと、改めて認識しました。

## 介護とファイナンシャルプランナーの共通点

――川内さんから、「介護は、要介護の方が何をもって『人生、生きていてよかった』と思うのか」にプライオリティーを置いて考えていく。そこから外れて、「この人の生活をどう管理すれば寿命を1日でも長く延ばせるか」と思った瞬間からおかしくなっていくという話を聞いていていたんですよ。ファイナンシャルプランナー（ＦＰ）として深田さんが相談されるときって、プライオリティーは何に置くんでしょうか。

**深田**：よく「お客様に寄り添うのがいいＦＰ」とか言うんだけど、私は、やろうとしていることがよくないことだったら寄り添わないです（笑）。

**川内**：それは大事ですね。

**深田：**一言で言ってしまえば、ＦＰの仕事は生活のリスク管理です。あり得るリスクと、それにどう備えるかのアドバイス。だから、普段は考えない、考えたくないことをどんどん考えてもらいます。例えば「じゃ、あなたが今日亡くなったとしましょう」とか。

——うわ。親の介護と同じかそれ以上に「考えたくないこと」ですね。

**深田：**でも、それは誰にでもあり得るし、家族にとって最大級のリスクですよね。

**川内：**確かに。事前に考えておくのが大事、という点では親の介護と同等かそれ以上ですね。

——しかし、そんなシミュレーションはみんな慣れていないし、どうやって話を進めるんでしょうか。

**深田：**私は相談に来た人に根掘り葉掘り聞きます。「ごめんなさい、私、根掘り葉掘り聞かないとアドバイスできないので」と言っていろいろな話をしてもらう。ご本人がＦＰに相談するきっかけは「保険の見直し」だったり、「退職金の受け取り方」だったりと、それぞれテーマがあるんだけれども、実は本当に相談したいことはそこではなかったりするんですね。30分くらい話を聞いている間に、「この人はこういうことに困っているんじゃないのかな」というところが見つかります。

**川内：**うん。私の介護相談でも同じですね。

——すごく似ていますね。

**川内：**だって自分で問題を覚知できている人ってそんなに多くないですもんね。もし覚知できているんだったら私たちいらないですよね。

**深田：**そうそう。

**川内：**お話を聞きながら情報を整理をして、「いや、お母さんが言うこと聞かないと言いますけれど、本当の問題はあなたの生活がずたぼろになっていることじゃないですか」と気付いていただく。ご本人の問題を腑分けするために、深田さんと本当に同じ手法を使いますね。

――深田さんの場合は「保険の見直しと言っているけれども、じゃあ、なぜ保険の見直しをしたいのかな」というふうに考えるんですね。

**深田：**そうそう。「何で入りました、これ？　何で見直そうと思いました？」と。だいたい社名と年齢を聞いただけで年収とか年金の額とかが分かるから、「こういうお悩みがあるんじゃないですか」と聞くと「深田さんって占い師ですか」と（笑）。いえ、経験値が積み上がっているだけです（笑）。

――本人も気付いていない悩みが、話をしているうちに深田さんにはすーっと見えてくるんでしょうね。お仕事、絶好調ですね。

**深田：**今が自分としては人生最大、ノリノリの時期ではありますね。そうそう、せっかくの機会なので、これ、川内さんはご存じだと思うんですけど……。

川内：何でしょう。

## 介護でも障害者控除を受けることができます

深田：認知症などで介護保険の認定を受けた人は、障害者控除を家族が受けられるんですよね。これは意外に知られてないんです。だからYさんもできますよ。

――え。

深田：お母さんは介護保険の認定を受けていて、今、扶養家族に入れていますよね。

――入れています。

深田：扶養控除に障害者控除の上乗せができます。まだやっていないなら、5年分遡って申請できますから、結構がっつりお金が返ってくる（笑）。

――あら。

深田：友達に「やったほうがいいよ」って言ったら、住民税と合わせて5年分で70万円ぐらい返ってきたそうです。障害者控除って障害者ご自身も使えるし、それを扶養している人も使えるという。

――うっひゃー。

**川内：**そうですね。両方使えますね。

**深田：**珍しい控除ですよね。

——知らなかった。母が扶養家族で、介護保険を使っていれば対象になるんですか。

**深田：**障害者控除の認定と、介護保険法の介護認定とは別のものになっています。対象になるかどうかは、自治体に問い合わせてみてください。

——私は会社の源泉徴収で納税しているので、確定申告をしたことがないんですけれど、どうすればいいですか。

**深田：**その場合は5年分の、控除を反映した確定申告をすることになるわけです。あとは毎年、年末調整の時に控除を申請すればいい。

——これを奥さんにばれないようにやる方法もありませんか。

**深田：**言ってごちそうしてあげるほうがいいですよ（笑）。

お医者さんに対して「お母さんはお父さんのケアをやりたいです」と、気持ちを代弁できるのはすごい。今回初めて気が付きましたが、ファイナンシャルプランナーというのは「明日あなたが死んだらどうする」を考える世界で仕事をしているのですね。そのため、佐々木淳先生もそうですが、死に対して「遠ざける」「絶対に避ける」という考え方をしない。これは一般的な日本人としては稀有なことだと思います。

死に対する不安を持つのは自然なことです。その恐怖心にお金の問題解決を通じて正対するのが深田さんのお仕事。相談した人は、「万一のことがあっても家族は大丈夫」と、自分の心を恐怖からいくらかなりと自由にすることができるのでしょう。

医療スタッフに親の様子や、聞きたいこと、伝えたいことをノートに書き出しておくお話も興味深かったです。医療関係者も、介護関係者も、実はうまく付き合うコツは同じで、利用する自分の不安や考えていることをオープンにして、率直に伝えることで、相手のスキルが引き出せます。

不安を共有して初めて、スタッフはこちらの視点に立って一緒に考えてくれます。「こっちが選ぶから選択肢を出せ」だと、サービスメニュー一覧を作る人になってしまう。スタッフを伴走者にするために、深田さんのノート作戦はとても役に立ちそうです。

「介護を通して思ったのは『人は生きたように死んでいく』ことです」（高橋洋子さん）

「そしてそこから携わる人が学べることがたくさんある」（川内）

# 「残酷な天使のテーゼ」から介護職への道

歌手
## 高橋洋子さん

たかはし・ようこ　1991年「P.S.I miss you」でソロ歌手としてメジャーデビューし、日本レコード大賞新人賞、日本有線大賞新人賞を受賞。これまでに、シングルCD30枚、アルバム10枚、ミニアルバム20枚、ベストアルバム8枚を発表。現在、日本を代表する文化になったアニメやアニメソングで、世界に向けて活動の場を広げている。また、日本各地の神社でボランティアで歌の奉納をライフワークとして行っている。代表曲は「残酷な天使のテーゼ」「魂のルフラン」など。

「ラジオを聞いていたら、『新世紀エヴァンゲリオン』の主題歌『残酷な天使のテーゼ』を歌っていた高橋洋子さんが『介護の仕事をしていた』というお話をしていてですね」と、川内さんが打ち合わせで興奮気味に言い出したことから、今回の対談が実現しました。家族と介護の話題を中心に聞いてきたこの連載ですが、今回は「介護をするプロ」の立場からのお話を伺っています。希代のシンガーと介護のお仕事、さて、どんな展開になるのでしょうか。

●

**川内：**実は私、学生の頃からラジオのヘビーリスナーでして、TBSラジオの「安住紳一郎の日曜天国」も毎週欠かさず聴いてます。この番組で高橋洋子さんが「『残酷な天使のテーゼ』でヒットを飛ばした後に、芸能界から身を引いて介護の仕事をしていた」と話されていて、すごくびっくりしました。

**高橋洋子さん（以下、高橋）：**ありがとうございます。最初にお断りしたいのですが、介護のお仕事といっても、5年間だけでして。そして今は現場から離れて時間もたっているので現状を把握しているわけではありません。ですので、今、現場で働いている方を差し置いて私があれこれ語ることに申し訳ない気持ちがあります。そもそも語れるほどのものがあるかどうか……。ですので、あくまで高橋洋子一個人の経験の話として、聞いていただければと思います。

**川内：**分かりました。そもそものお話ですが、高橋さんのメジャーデビューは1991年で、

「残酷な天使のテーゼ」（95年）はデビュー曲ではないんですよね。

**高橋**：はい、デビューからしてちょっと変わっていまして。普通は歌手デビューというと、前もって準備して、曲はどなた、歌詞はどなた、ジャケットはこういうコンセプトで、どういう売り方をしよう、と考えそうじゃないですか。

**川内**：だけど高橋さんはそうじゃなかったと。

**高橋**：そう（笑）。「月9のドラマの主題歌枠を押さえることができた。だけどもう時間がない。誰か、譜面を見て歌える人はいないか、あ、洋子ちゃんがいた」と連絡がきて、緊急デビューしたんですよ。

**川内**：緊急デビューなんてことがあるんですね。

**高橋**：普通はないです（笑）。その頃はもうバブルが弾けていて、芸能界も生き残るためにひっちゃかめっちゃか、みんな必死になっていました。だから「問答無用、これでデビューだ」と言われて、やるしかないわけです。すぐにレコーディングをしたのですが、その場で歌詞がどんどん変わって、それが反映された譜面を見ながら歌うという。ジャケットの写真も間に合わなくて、時計の絵だけ。私の姿はどこにも写っていないんですよ（笑）。

**川内**：ひどい……。

**高橋**：それでCD用の音源をプレス工場に出した後で、ドラマの制作側の都合が変わって、結局私の歌入りのほうは流れなかったんです……。

――それが「P.S. I miss you」ですね。92年に第25回日本有線大賞新人賞を受賞された。

**高橋**：私の臆測ですが、遠距離恋愛のドラマの曲だったので、有線放送で選曲する遠恋中のお姉さんたちが曲を流してくれたんじゃないかと。さらに「もう一度逢いたくて」で第34回日本レコード大賞新人賞（最優秀新人賞ノミネート）も獲って。

**川内**：すごいじゃないですか？

## 自分は上げ底の上に乗っていると思った

**高橋**：はい、とても幸運なデビューでしたね。でも、世の中的には「高橋洋子？ 誰？」という感じじゃないですか。その後もスタッフの皆さんが頑張ってくださったんですけれど、目立つ実績は残せなくて、会社も社長がどんどん代わる。

レーベルごと独立をする方に付いていくことにしたのですが、まだ新会社には何もないので、「だったら時間がある間に歌の勉強をやり直したい」と、ロサンゼルスに半年間行きました。帰ってきたら浦島太郎状態で、仕事も何もない（笑）。そんなときに「アニメのエンディング曲を歌う人を探している」という話があり、『新世紀エヴァンゲリオン』に出会ったわけです。

――「FLY ME TO THE MOON」ですね。もともとはエンディングの歌だけ歌うことになっていたんですか。

**高橋**：そうです。「主題歌も歌えば？」と言われて「残酷な天使のテーゼ」を歌った感じです。そして「残酷な天使のテーゼ」も、放映当初からヒットしたわけではないんですよね。何度も再放送を繰り返していくうちに、番組の人気に合わせて広がっていった。

**川内**：そうでした、そうでした。

**高橋**：エヴァンゲリオンが大人気になり、主題歌も売れて、すごくいいことなのですが、そうなると「自分は上げ底の上に乗っている」という気持ちが強くなってきて。

――上げ底？

**高橋**：芸能界にいると、きれいに見えるようにプロの方にメイクしてもらって、いい歌に聞こえるようにエンジニアに手を掛けてもらうわけじゃないですか。

――それはまあ、そういうお仕事ですから。

**高橋**：そうですね。もし私が、道を歩いているだけで誰もが振り返るような有名人だったら、自分でも納得できたかもしれません。だけど、コンビニに行っても誰からも気付かれない私が、芸能人としての扱いをされることで、自分の実力以上の存在になってお給料がもらえている。だから「こんな状況にいたら、私は人としてダメになってしまう」という、すごい恐怖が襲ってきたんです。

**川内**：なるほど。

――えっ川内さん分かります？　ダメになるものですかねえ。

## ぬくぬく生きていては、いい歌は歌えない

**高橋**：川内さんは『親不孝介護』で、「介護を通して自分の生き方が見えてくる」という話をされていますよね。いい考え方だと思います。すごく共感します。

**川内**：えっ、うれしいです、ありがとうございます！

**高橋**：そして、私にとっての「生き方」は、自分が歌う歌だ、と思っているんです。私の生き方を皆さんに歌を歌ってお届けしていきたい。ならば、上げ底状態でぬくぬくとボケっとして生きている状態での歌は、お届けすべきではないと思いました。

――周囲の方は止めたんじゃないですか。

**高橋**：はい、「まだ子どもが小さいでしょ」「安定したお給料がもらえるのに」と。でも、子どもに対して胸を張って歌うことができる私でいたかったし、お給料をもらうために歌っているわけではない。私が届ける価値のある歌を歌う、そのことの対価として、結果としてお金をい

ただくというか、生きるということが歌うことと直結して、それに対して聴く方が価値を決めてお金を払っている、そういう世界であるべきだと思ったのです。

それで「辞めます！」と勢いよく芸能界から飛び出した。でも、当時30歳を過ぎて、資格どころか就職経験すらないので、仕事が見つかりません。子育て中だったので、非常勤がいいと思ったんですけれど、非常に少なくて。そんなときに住んでいたエリアの行政の広報誌で「介護ヘルパーの資格取得のための費用を半分助成する」という制度を見つけて、さっそく申し込みました。

**川内**：そういった助成制度は、行政によくありますね。

**高橋**：これで介護ヘルパーの資格が取得できました。その後、非常勤として介護事業所にヘルパー登録をしたり、老人介護施設で働いたりするようになったわけです。ただ、非常勤の介護の仕事は薄給なのでそれだけでは家族を食べさせることができませんでした。なので、朝はガソリンスタンド、その後にコーヒーショップ、昼からはデイサービス、という日々でした。

**川内**：質問したいことが山積みになっているのですが、まず、まったく無縁だった介護の仕事を選んだ理由は何でしょう。これ以外に働き口がなかったと言われましたが、他のパートのお仕事もされていたわけですよね。

**高橋**：ええ、パートやバイトならいくらでもありました。でも、非常勤で週5日働けて、有休もらえる、というのは、本当に介護しかなかったんですよ。
**川内**：ああ、なるほど。でも抵抗感や怖さはなかったですか、介護の仕事に。

## 介護に「関係ない」と言える人はいない

**高橋**：まず、生きていくためだからそんなことは言っていられない。もともと、1人の人間としてぬくぬく暮らしながら歌っている自分ではダメになると思って始めたことですから、ご縁があって自分ができることであれば、何でもやらせていただきたいと思っていました。そして何より、介護って「自分に関係ない」人がいない、というか、誰もがいつか通る道じゃないですか。
**川内**：そうです、そうなんです。絶対にそう思います。
**高橋**：ですよね、やらない人、やったことがない人が語れます？　これ（介護）。
**川内**：あのですね……すみません、高橋さんのお話を聞く場なのに。
**高橋**：どうぞどうぞ。
**川内**：私、昨日ちょうど厚生労働省の方と打ち合わせをしていて、「この人、分かってないんじゃないかな」と思ったんですよ。何がかと言いますと、制度のことはもちろん私より知っているでしょうし、今の日本の超高齢社会の状況についてもそうでしょう。でも、人の機微というか、高齢で生きていく方の気持ちというか、もっと思い切って言うと、そういう方々の美しさ、みたいなものがまったく認識されていない、存在すら感じていないいんだなと。高齢者が「社会課題」だとしか見えていない。

**高橋：**そうなんです。本当にそうなんですよ。本当はこちらが「してあげる」より、受け取れるもののほうがずっと多いのに。

**川内：**分かりますか。

**高橋：**分かりますとも。

## 「いただく」ことのほうが多い介護の仕事

**高橋：**介護はこれが初めてでしたが、実は「福祉」はわりと自分の近くにありました。いろいろな施設に行って手話で一緒に歌う練習をしたりとかして、どれぐらいかな。足かけ10年ぐらいは施設やイベントに行ったりしました。そこで皆さんとお会いして分かったことは、「私がやってあげているんじゃない。いただくことのほうが多い」んですよ。

**川内：**すごい。介護もまったく同じだと思います。だけど相手の言うことを聞く耳、聞く意識がなければ、それはいつまでたっても分からないんですよ。

介護も福祉も自分で正面から「人間対人間」として関わると分かるんですよね。『親不孝介護』は、親の介護に子ども自身が直接関わることは双方にとって不幸だ、ということを訴えている本ですが、それを仕事にする方には、「与えるよりも、与えられることのほうが実は多い」ということも知っていただけたらと強く思います。

**高橋：**若いうちは、介護されるお年寄りは遠い存在だと思うのは自然なことですよね。でも、若い人だって足を骨折したら車椅子に乗ったりして、誰かに助けてもらうじゃないですか。これも介護だと思うんです。だから「自分の親の介護」の話は別として、介護は人としてマストで学ぶべきことだと思っています。ちょっと格好良すぎますか（笑）。

**川内：**いえいえ。

――うーん（まだいま一つ腑に落ちていない編集Y）。

**川内：**高橋さんは、実際に介護業界に飛び込んでみて大変だと思うことはありましたか？

**高橋：**介護のお仕事をしたのは5年間だけ、という前提で聞いていただきたいんですが、実は私、介護の仕事をしていて大変だと思ったことはないんです。

**川内：**えっ、それはすごいと思います。どうして「大変だ」と思わなかったんでしょうね。

**高橋：**1つ打ち明け話をすると、当時の夫に「芸能人だった君には、介護の仕事をすることはできないよ」と言われたんですね。それに「なんだと！」と思ったこともあった、かもしれません（笑）。

真面目な話をしますと、私の考え方なんですが、大変だと思うとき、心が折れてしまうときって、利用者、家族、現場のスタッフのどこかに気持ちが片寄っている状態だと思うんです。

誰かに気持ちが片寄ってしまうことが自分に一番ダメージを与えるから、そうならないように注意しました。「もうダメだ」と感じそうになる前に、「違う立場の目線で今の状況を見たら、どうなるかな」ということを考えるようにするクセをつけたんです。言い換えると、すべての関係者に引っ張られすぎない、中心の立ち位置にいることができた、そのおかげじゃないかと。

――すごいですね。

**高橋**：すごいというか、プロとして人様を介護するならそうしないと、と、わりと早い時期に思ったんです。介護の仕事って、感情の動き一つで重大事故につながるじゃないですか。

**川内**：そうなんです。「怒り」「憎しみ」といったネガティブな感情が入ると、要介護者も、そして介護をする本人もすごくストレスがかかるし、事故の引き金になりかねません。

**高橋**：歌手はアーティスティックな仕事なので、むしろ感情があったほうがいい。でも介護の仕事は人の命に関わることなので、感情的になってはいけない、ですよね。

**川内**：です。だから、お互いの感情を断ち切れない「親と子ども」が、介護をする・されるの

高橋洋子さん（右）（写真：大槻純一、237ページ、273ページも）

はとても難しいのです。

**高橋**：そこで「親不孝と思われるくらいでちょうどいい、冷静になれる第三者、プロの力を借りましょう」という考え方を、川内さんは「親不孝介護」と言っているわけですよね。私も自分の親にこれができるかというと、分からないです。

本音を言いますと、仕事の後に自転車に娘を乗せて、荷物がたくさんあって、しかも道のりは坂ばっかりで（笑）、「もう無理」と泣きながら帰宅したこともあります。それでも、職場で支え合える仲間に出会えたことが大きかったです。私が元芸能人だと知っている人は誰もいなくて、みんな私と一人の人間として付き合ってくれたし、自分ができることは率先してやっていくという助け合える環境でした。仕事としてはそれなりにきつかったかもしれませんが、むしろ当時はすごくストレスが少なかったと思います。

## 介護は知られていない、だから怖がられている

**川内：**介護に人材が集まるために、やるべきことは給与水準の向上を筆頭にいろいろありますが、高橋さんのご経験から、「こうすればいい」ということがあったら、ぜひ。

**高橋：**給与はもちろんですが、同時に、社会の意識を変えるためにやるべきこともあると思っています。一つは、「高校生ぐらいになったら必修科目で介護を学ぶべきだ」と。

例えば、車椅子の押し方。知らない人は坂道で下に向けて車椅子を押したりしてしまう。逆に向けて後ろ向きで下りなければならないですよね。

**川内：**知らないとそういう恐ろしいことをやってしまいますよね。

**高橋：**そういう学びを学校で積極的に取り入れたらどうかなと。車椅子の押し方を知っていれば、「坂で車椅子を押している人は大変だろうな」と思えるようにもなります。重い人が乗った車椅子をデコボコ道で女性が押すのは、ほぼ無理です。老老介護をしている奥さんがだんなさんを乗せた車椅子を押しているのを街で見たりすると、泣きそうになります。私がそう思え

るのは介護体験があるから。でも、車椅子を押す高齢者を見て「邪魔だな」と思ってしまう介護「未」経験者がいるはずです。

あとは、コミュニティーの場として、幼稚園や保育園、小、中、高校、大学に、それぞれの成熟度のレベルに合わせて、老人ホームや障害者の施設でのケアに参加する仕組みが欲しいですね。そこで学生が高齢者の面倒を見たり、元気な高齢者が子どもの面倒を見たりする。「知らない」ことが「なんとなく怖い」「自分の手に負えない」「自分とは縁がない」という気持ちにつながっていると思うんですね。それが減らせるんじゃないかと。

**川内：**確かに、目を背けて知らないままでいるからかえって怖くなっている面はあります。

**高橋：**例えば、何かのきっかけでキャーキャーと大声で喚《わめ》いてしまう子も、普段は静かに、普通のトーンで話をするんです。本当に障害の形も十人十色。そういうことを知らないから、恐怖を感じてしまう。介護にも同じことが言えて、知らないから「嫌なもの」だと思っているフシがあると思います。「自分には関係ないし、できないよ」ではなく、「まずはこのくらいなら自分にもできる」という介護体験をする場が増えてほしい。

**川内：**それを通して「介護は汚い、キツい」というネガティブな感情から逃れることができると、さらにいいですね。

**高橋：**介護に対してのそういう先入観は強いですよね。現場でも「何で自分は介護〝なんか〟

やっているのだろう?」と口に出す人がいました。だけど、そういう人でも介護の本質に触れていくと考え方が変わっていきます。ちょっと介護体験をしただけでは絶対に分からない世界だとは思いますが、だからこそ継続して触れる機会が早めに欲しい。

――その「本質」というのは……。

**高橋：**誰もが年を取り、衰えていく、という事実に正面から向き合うことで見えてきます。今「高齢者の世話なんて」と言っている人も、いずれ年老いたら、重たい荷物を今のように持てなくなりますし、「障害者のケアなんて」と言っている人だって「あなたはケガを一生しないと言い切れますか?」ということです。特に、介護は絶対に必要です。

**川内：**高橋さんがおっしゃったように、介護が自分の人生に一切関係ないという人は、基本的にいないわけです。『親不孝介護　距離を取るからうまくいく』でも申し上げましたが、できることが限られていく中で、自分の親は、そして自分は、何をしたいだろう、何だけは続けたいと思うだろう、と考える。介護はその機会を与えてくれるんですよね。

## 人はみんな「生きたように死んでいく」

**高橋：**『親不孝介護』は介護の入門編としては本当に珍しい本で、技術や情報より、介護する家族の心の持ち方、考え方を丁寧に説明している。素晴らしい書籍だと思います。それを伝えるにはこのくらいの文章の軽さがちょうどいい。そうでないと読む方が身構えてしまうじゃないですか。

**川内：**そうなんですよ！　Yさん、よかったですね。高橋さんが褒めてくれましたよ。

――いや私はこういう書き方しかできなくて（汗）。

**高橋：**そして最後に川内さんが書かれた「おわりに」を読むと、「この人は関わった人と向き合って、介護の世界を生きてきたんだな」というのがすごく伝わります。私のような人間がそんな偉そうなことを言うのはおこがましいんですけど。

**川内：**ありがとうございます。

**高橋：**介護を通して私が思ったのは「人は生きたように死んでいく」ということなんです。人って、生きたように死んでいく。それを介護する人が一番近くで見ることができる。だから死ぬということがもっと身近になって、不吉なものではなくて、当たり前だと思ってほしい。

**川内：**すごい、まったくその通りだと思います。人が衰えて死んでいく時間には、生きていく人が学べることがたくさんあるんです。介護はそう自覚していれば、携わる人をすごく成長させる仕事なんです。

いや、高橋さん、本当にご経験は5年間なんですか。私も「人は生きてきたようにしか死ねない」と、常々感じています。

**高橋**：ですよね。私はまだこの年齢なのに、普通の物差しでは測れない貴重な気付きを介護した方々から、仕事を通していただくことができた。介護の仕事をやっていると、そういう体験は必ずあって、それは人生においてすごく幸運で、ありがたい、奇跡のような体験だと感謝しています。

**川内**：そうですね。

――うーん、お二人の目を見ると「本当なんだろうな」と思うのですが、これはやってみないと分からないことのようですね。

**高橋**：もちろん、奇跡が毎日起きるわけじゃないです。でも、長くやっていると必ず「これか」と思う瞬間が来ます。だから、やってみたらいいと思うんです。

**川内**：老いること、死ぬことの見え方がきっと変わると思います。

**高橋**：でも、やっぱり現世利益も必要ですよね（笑）。すでに実施している市町村もありますが、介護体験をポイント制にして、誰かの介護をしてポイントをためて、自分に介護が必要になったらそれを使う、そういう仕組みとかがあればいいなと。

――なるほど、介護の積み立てですか。

**高橋**：お金のやり取りがないから、自由な感じになるでしょうし、カジュアルに「介護」に触れることができるんじゃないでしょうか。口の悪いおじいさん、おばあさんと会話をすることも、学びにつながります。

――えっ、それも人生の学びにつながるんですか？

**高橋**：ええ、例えば、人の悪口しか言わないような人でも、その生きざまから学べることってありますよ。そしてその人も、最後の最後まで何かを学んでいる。

**川内**：学んでますね。

**高橋**：生きている間はどんな人でも何かを学んでいます。介護の仕事は、それを間近で、隣で見ることができるのです。こんなにすてきで尊い仕事はほかにない。私は介護体験を自分の商売につなげようとは思っていませんし、別に隠しているわけではないけれど、聞かれなければ話しません。でも、介護に関することでインタビューを受けて、こういったことをお伝えできるのはありがたいと思っています。

## 会社員だけの人生で体験してこなかったこと

**高橋**：ところで『親不孝介護』は編集Yさんという「会社員の男性」目線によるものですね。

――はい、何より「普通の会社員の発想」で親の介護をやろうとすると、えらいことになるよ、というのが『親不孝介護』でお伝えしたかったことなんです。

**川内**：たくさんの会社を回ってセミナーをやってきて、「介護を仕事だと思ってやっているから、皆さん大変なことになっているんだ」と気付いて、Yさんにお話ししました。

――仕事は計画を立てて実行して振り返って次の計画に生かして数字を伸ばしていく、というフレームがあって、基本的に成長を前提にしていますけれど、介護は「撤退戦」ですし、何が起こるか予想が付かない。仕事で考えると、リストラ、会社清算とかでしょうか。それを経験した会社員はそう多くない。

**高橋**：なるほど。私は仕事、家事、育児を自分でやってきて、どちらも大変だと思いましたが、大変さの種類が違うんですよね。お金に換算することができないというか、介護も育児も相手の命に関わることで、しかも次に何が起こるか予測が付かない。

**川内**：幼児も要介護の方も、自分の状況を正確にフィードバックすることが難しいですからね。

**高橋**：そういう人々の相手をする経験は、なかなか会社員の方にはないでしょうね。

**川内**：はい、一般論ですが、やはり日本のビジネスパーソン、特に男性には、介護のベースとなる体験がなさ過ぎると思います。そこにいきなり親の介護が降りかかってくるのだから、向き合い方が下手なのはやむを得ない部分もある。本当は、介護は突然ではなくじわじわと兆候が見えるので、早めに準備しておくことで親も自分もすごく楽になるのですが。

――そうですね。自分も『親不孝介護』の前に、松浦晋也さんの『母さん、ごめん。』という介護体験記の編集をしていたので、いわば疑似体験、シミュレーションができて、母親の介護で「自分は親不孝介護でいくぞ」と、方針を決めることができた面があって。

**高橋**：Yさんにはリハーサルの機会があったわけですね。川内さん、事前の知識や体験がなくて、突然介護が始まった会社員の方は、どうされるんですか？

**川内**：よくあるのは、「おむつの替え方はどこで習えますか、いい動画はありませんか」と、個別の介護技術を身に付けようとされるケースですね。

技術を高めることも大切かもしれませんが、自分の親が介護を受ける状態になったなら、何よりも大事なのは、親が一人の人間として、生きて、そしてこれから衰えていくことを「ちゃんと見つめよう」という気持ちだと思うんです。これが介護の根源的なところだと思っています。

だけど、その覚悟を決める前に、多くの人が「親がちゃんとしていない」と悩み、イライラし始めます。「母親がリハビリに通わない」とか、「何度言ってもふらっと外出する」と。でもね、それって年を取ったらみんなそうなるわけですよ。できなくなったことをやれ、と言っても、言われたほうもつらいし言うほうもむなしいだけです。

**高橋**：それを、セミナーとか本で学ぶ機会があれば、そうならない。学ぶ機会がないままに、介護を家族がやったらダメですね。

家族は介護の実務はプロに任せてマネジメントに徹せよ、と本に書かれていた通り、すべてを自分でやるのでも、放置するのでもなく、何のために介護の専門家がいるのか、ということを考えてほしいです。ただし、介護に無関心の夫にそういうことを言われると、妻としては腹が立ちますね。

――料理ができないのに味付けに文句を言われる、みたいな。

**高橋**：「お米くらい炊いてから言いなさい！」って（笑）。さっきも言いましたけど、中学から高校くらいで、実習で、ヘルパー体験をしておくのがいいんじゃないかな。運転免許だってそうじゃないですか。年を取ってからだと、免許を取るのはもう命懸け（笑）。マジで路上が怖い、みたいなことにならないように、若いうちに1日でも早く経験をすることが、双方にすごくプラスがあるんじゃないかなと。

――ただ、残念ですが、経験がない会社員に、突然、家族の介護が降りかかってくる社会はしばらくは続くと思います。

**川内**：はい、そういった状況が続くと思われる中で私が感じるのは、働きながら介護をしている人たちと、介護の専門職、例えばケアマネジャーなどとのコミュニケーションの問題です。ぶっちゃけ、専門家との話し方が下手だと思うんです。

**高橋：**あ、分かります。

## 親が与えてくれる最後のギフト

**川内：**どう下手かというと、介護する家族側から見て、「自分の言ったことをやってくれる人」を優秀だと評価しがちなところです。言ったことをやってくれない事業者はダメな事業者。だけど、家族がやってほしいことと、本人がやってほしい介護って違うかもしれないじゃないですか。

**高橋：**本当にそうなんですよね。

**川内：**介護経験がなくても、そこだけは知っておいていただきたい。人を支えるとか、親を大事にするということを「自分（介護する側）」の価値観だけで考えてしまうと、本人の気持ちとかけ離れた介護が行われてしまいます。

**高橋：**自分の経験ですが、「母が認知症になっちゃって、もう困っちゃって」と嘆く息子さんがいました。

そのお母さんは小学校を出てすぐ働いて、田畑を耕したり、奉公に行ったりして、頑張って、頑張って。結婚して、今度は息子の学費のためにずっと働いて、立派に息子さんは育って家族も持ったけど、実家には寄り付かない。だんなさんも亡くなって、そして認知症になっちゃった。それで息子さんは「困ってるんですよ」と言う。

　でも私には、お母さんは最後のギフトを与えているように見えるんですよ、息子さんに。

**川内**：そうですね、そうですね。

――え、ええ?

**高橋**：お母さんがわざと認知症になったとか、苦労は薬だとかいう意味ではないですよ。俯瞰《ふかん》で見たときに、この人たちは家族としての学びというのをお互いに与え合っている関係性だというふうに捉えて、認知症になったお母さんを見ない振りをするのではなく、ちゃんと向き合って。

**川内**：そうですね。これまでの感謝を込めて向き合えたら。

**高橋**：はい。だけど、今だから言えますが、そういう「困ってるんです」と言う人に限って、ものすごく、(人に)全部任せようとするじゃないですか。でも文句は言うじゃないですか。

**川内**：(笑)そうですね。そういうことです。

**高橋**：本当は私みたいな短期じゃなくて、もっとスキルも経験もある介護職の方々が話せば、腑に落ちない様子のYさんでも納得できるように説明できるはずなんですよ。介護の現場での親と子でこういうことがあった、というケースを話して、利用者側の家族が学ぶ機会も必要なんじゃないかなと思うんですよね。

**川内**：それもまさにうちの法人（ＮＰＯ法人となりのかいご）がやらなきゃいけないことだと思っています。プロに完全に任せちゃう人もいれば、全部自分で抱え込む人もいるんですけど、いずれも学びがないんですよ。

## 親の介護は災害処理なのか？

**川内**：何と言ったらいいのかな。どちらの人も、今の状況から何を受け取ろうかというふうに考えていなくて、この問題を「処理」しようとするんですよ。でも親の老化はディザスター（災害）じゃないんですよ。

**高橋**：うん、本当にそうなんですよ。本当にそう。親が認知症になるのは天変地異じゃなくて、当たり前のことなんです。だって生活ですから。生きることですから。

――ん？　そうか、認知症は、親の、その人の、人生のある一局面であって、別に人生の終わり、じゃない……。

**川内**：そう。むしろ、認知症になったということがすべてゼロとかマイナスではなくて、何かあるはずなんですよ。変化したことで、何かが生まれたり、表に出てきたりしているんです。

それを一緒に考えていくのが本当の意味でのケアなんだと思うんです。

**高橋：**本当に。そしてそれができるケアマネや介護職の方って少なからずいると思うんですよ。

**川内：**います、います、います。

**高橋：**もう、すごく立派な方がいっぱいいて、ケーススタディも持っていて、傾聴ということを一心不乱にやり続けている人って、本当にたくさんいらっしゃる。その人たちが、対価を含めて社会的にちゃんと評価されていないことが、日本の介護の最大の問題だと思います。

**川内：**はい。ケアマネジャーは「介護計画を立てて、書類をちゃんと作ったら報酬が出るよ」という、この作成費用に対しての報酬単価が収入になります。だからそこしか見られていないんだけど、でもそれは、実は提供している価値のほんの一部でしかないじゃないですか。

**高橋：**そう、そう。

## デイサービスで歌を歌う意味、知ってます？

**川内：**デイサービスだってそうです。「お年寄りがみんなで歌を歌ったりするところだよね」くらいに認識されていますが、職員は「歌を歌っている」んじゃないですよね、実は。歌を通して、歌っている方々とつながっていくことが大事なんです。だけど、そこは認識されていいないし評価もされていない。評価する側が、これが価値なんだよということを理解できないから。年長者と深く話すことは親を含めて機会が少ない。自分だけだと大して深く考えることもないし、詰め込まれてきた知識しかなくて。それって生きる上で使える知識になっていないんです。経験値が圧倒的に足りないから。私は、自分のその穴を、介護の仕事を通して、高齢者の方々から、勝手に教わってきたように思うんですよね。

**高橋：**そうです。本当にそうです。

**川内：**介護の仕事をして私は、「やっぱりちゃんと生きなきゃいけないんだな」と思ったし、この方々が築き上げてくださったこの土壌があって自分がいるんだなと本当に思った。

――あの、川内さんって、小学校時代から大学まで、ずっと教師にけんかを売って不登校の常連だったとお聞きしましたけれど。

**川内：**はい、真面目にこんなことを思えるような人間じゃなかったんですけど、介護の仕事をして高齢者の方々と接することでこんな気持ちになったわけです。これは専門職だからそうなったのかもしれないんだけど、自分の親が老いていったときも同じような学びが得られる可能性は当然あるわけで。

でも、課題とか問題みたいなふうにして処理をするから、それはただひたすら自分にとってのマイナス、災害、みたいになっちゃうわけです。だから親が認知症になって「こんな人じゃなかった」と受け入れられない子どもというのは、親の変化を受け入れられないという「あなたの課題」がある。そこに気が付くと、介護への意識が変わってくる。

**高橋**：そういうことです、そういうことです。

――お二人、すごく通じ合ってますね。置いていかれて寂しいです（笑）。

**川内**：こういうことは、やっぱり高齢者の支援をすることでしか学べなかったことですね。大学は社会福祉学科でしたけど、そこでも分からなかった。やっぱり直接生き死にに関わって「人がこう死んでいくんだな」という場面を見て、生きるということはこういうことだったんだな、と気が付く。そこから、人を見る目が変わってくる。

**高橋**：本当に尊いんですよ、その場で経験することは。

――私は会社員で、ずっとそのルールの中で生きるうちに、川内さんがおっしゃったような「課題を解決してその報酬を受け取る」という感じのものの考え方がもう、かなり染み付いているんですよね。

**高橋**：ですよね。だと思います。

――介護を「会社で身に付いたやり方でやってしまうとこうなるよ」という話が『親不孝介護』で書かせていただいた自分の体験で、そこをさらに突き詰めていくと、「じゃあ、親は何があれば幸せだと感じるんだろう」に、そして「自分は何のために生きているんだろう」という話に行き着きます。あー、つまり、会社でインストールされた「課題解決と報酬」のロジックの外側に、親の介護を通して初めて目が行くんですよね。

**高橋**：それがお母様の介護から得た、Yさんの学びですよね。

――あ……。

**高橋**：私と川内さんがしていたのって、まさにその話ですよ。

**川内**：そう、介護の仕事は、そして要介護の親と向き合うことは「自分はどう生きれば幸せか」という問いにつながるはずなんです。

## 努力しても報われないこともある。でも……

**高橋**：例えば、今年（2023年）も大リーグの大谷翔平選手の活躍が話題になったじゃないですか。あれを見てYさん、どう思われますか。

――はい。努力と自律の人はやはり報われるし、そうあってほしい、と思いました。

**高橋**：大谷選手が率先してゴミ拾いをする姿が話題になりましたけれど、彼は、人が落としたものを拾うことで運を拾っている、としてポケットに拾ったゴミを入れているそうです。彼のこの行動から学べることは、どんなに働いてもお給料が変わらないとしても、頑張ったことは人としての見えない貯金になっている。そういったことに気付くか、気付かないかで人生が変わってくるんですよ。

**川内：** それ、すごくあると思います。

――まあ、そう言われると「努力しても報われないことも多いよね」と、混ぜっ返したくなるんですが。

**高橋：** ですよね。そして、多くの人が「頑張ってもうまくいくとは限らないなら、これ以上は頑張らない」となる。でも、頑張らないとどうなるかというと、最後は虚無感が残る。

――げっ！　それはその通りです。

**川内：** そして、会社員ならば定年後、フリーランスなら仕事をたたんだ後は収入なしで生きていかなくてはならないときが来るわけで、そこで「自分自身」といや応なく向き合うわけです。

**高橋：** そうなったときに、自分のスキル、エネルギー、自身の価値で生きていく、という考え方がないと「とりあえず、これをやればいくらもらえる」という価値観しかなくなってしまいます。きっと、ほとんどの人がそうだと思います。

私も介護の仕事を始めたときは、まず「お金のため」でした。だけど、もし「あと2年で死にます。それまでの間はどうやって生きていきますか？」となったときに、「このくらいでいいか」という生き方をしていたら、人生も「このくらいでいいか」という感じで終わってしまいいます。毎日、毎日のことを精いっぱい、徳を積むような生き方をした未来が悪いはずはないと思いたいじゃないですか。だからこそ、「大谷選手のような〝人生の貯金〟を、あなたはどこでしますか？」と考える、ということなんです。

――貯金ですか。

**高橋**：お金の貯金ではないですよ（笑）。人して徳を積むというか、〝生き方〟において人生の貯金ができているかどうかというのが、人の生き死にに一番直結していくと思っていて。それを理解できる感性があると、人を介護をしたときに「なるほど、この人はこういう姿を私に見せて、『自身の〝生き方〟を学んでいけ』と言ってくれているんだ」と思えるようになっていくんです。

**川内**：そうですね。

――それが、人のどんな姿からも学べると言っていたことの意味なんですね。

**高橋**：自分の人生と向き合っていくためには、苦労の中にこそ、すごいギフトがあると気付くことです。私たちは平和な国に生まれて、五体満足で自ら考える時間も力もあるのに、つい「お金がないから、あれが買えない、これもできない、自分は不幸だ」と思ってしまう。そして年齢を重ねると、自分のやってきたことを否定したくないから、周りからすごいと褒められたくなる。でも、それはダークサイドの光なき道にハマってしまう要注意な思考です。

――あー、もう、私、常にその道に誘惑されています……。
川内：でも、幸福ってその中にはないですよ、絶対。
――じゃあ、どこにあるんですかね。

## 高橋洋子、デイサービスで見せる究極のライブ

川内：その答えを考えるために、「生きることが歌うこと」という高橋さんにお聞きしたいんですが、介護の仕事をしているときに、デイサービスのレクリエーションで音楽療法をされていたそうですね。高橋さんにとって、これはどんなご経験でしたか。
高橋：必死でした。
川内：必死？　何が大変でしたか。
高橋：要はですね、参加する皆さん全員がそれぞれ違うんですよ。
川内：ああ、そうですよね！　一人ひとりが（耳の）聞こえも違えば、喉の調子も違う。介護はこれがね、難しいんですよ。本当に。
――一人ひとり、できることややっちゃいけないことが違う。そりゃ大変だ。
高橋：そして、みんなが歌える歌って、童謡とか唱歌になるんです。三つ子の魂じゃないです

けど、認知症の方は昔覚えたことは覚えているんですよね。

**川内：**直近のこと、短期記憶は保てなくても、長い時間触れてきたことは覚えている。

――「童謡を歌わされるなんて嫌だ」とよく言われますけれど、そういう理由なんですね。

**高橋：**皆さんが覚えている歌を歌う。だけど、ずっと座っていられない人もいれば、大きな声を出す人もいれば、もう歌いたくてしょうがない人もいれば、寝ている人もいればと、全員違うんです。それをどうやって皆さんに歌ってもらうか。

さらに、歌うということを通してリハビリをしてもらっています。「パ」「タ」「カ」「ラ」で誤嚥《ごえん》がなくなるように口の中の運動をしたりとか。体操も「やってください」と言うだけじゃ動いてもらえないので、リズムを混ぜてノっていただいたりするんです。語弊がありますが、ある意味無理やりその時間は動いてもらうんです。どこまで動いてもらえるかが私の勝負で。

でも中には、過度に動いちゃいけない人もいるんです。そういう場合は、ナースが横にいて血圧計を持ってます。いや本当なんですよ、本当にそういう世界。その中で私に注目してもらって、全員が楽しく過ごす方法を瞬時に考える。

――えっ、事前にリハーサルとか台本とか。

**高橋：**そんな時間はありません。もう、皆さんの前に出た瞬間から全員の様子をばーっと見極めて、あとはピアノを弾きながら、譜面をめくりながら、パーカッションを鳴らしながら、

「はい、鈴木さん!」って言いながら、〝1人大劇場〟をやるんです。もう究極のライブなんです。

**川内**:高橋さんがそれを言うと説得力がありますよね。

**高橋**:そしてその究極のライブを、人によっては明日はもう覚えていないんです。次の日会ったら、「はじめまして」って言われちゃうわけです。

――ああ……。

**高橋**:逆に、全然覚えている人もいますよ。元気で、毎日マージャンをやっていて「もう100歳です」という人もいます。中にはうまく歌えるけれど、意図を察して私の調子に合わせてくれている人もいます。本当にみんな違うんです。でもその人たちが全員で童謡、唱歌を歌うことで、瞬間、一つになる。それは、みんながみんなと触れ合う瞬間なんです。

――そうつながるわけですか。

**川内**:音楽療法としてレクリエーションを回していって、そしてそれが高齢者の方とつながったときの感動というのは、もう本当に私も今……。

**高橋**:感動しますよね。泣いちゃいますよね。

**川内**:そう、本当にもう、これを見られたから、私は今日死んでもいいな、くらいに思います。まあ、もちろん死んだらまずいですけれど。

**高橋**：言葉にするのが難しい感動がありますよね。

**川内**：そうなんですよ。そして「デイサービスってそういう場所なんだな」というのを、世の中の人たちが知ってくれたら、「自分の親をデイサービスに通わせるなんて」と思う人も少なくなるだろうし、「自分の子どもが介護の仕事をするなんて」という人も少なくなるだろうし。

**高橋**：ご本人は最初はみんな嫌だと言うんですよ、デイサービス。行きたくないって。

**川内**：そうでしょうね。

**高橋**：嫌じゃないですか。家にいたいじゃないですか。でも家にいたら、歩行距離なんて限られています。施設にいたらトイレまででもかなり歩きます。実は来るだけでもすごいリハビリになるんですよ。

**川内**：そして、スタッフの努力で「高齢の要介護の方が唱歌をみんなで歌う」ことは、「生きる力」や「幸福感」を生み出すんです。言葉にすると、なんだ、幼稚園か小学校みたいなことをやらせるのか、と思うでしょう。それは仕方がない。だけど、歌を通して他の人と触れ合う体験をしてから、もう一度考えてほしいですね。合唱を、一人ひとり全然違うお年寄りに楽しんでもらうことの難しさも含めて。

――先程のお話はそういうことなんですね。そういうふうにデイサービスの合唱を考えたことはなかったです。うーん。

**川内**：やっぱりこれは、高橋さんの話だからこそすごい説得力がある。何とかこの話が1人でも多くの人に伝わっていくといいな。

そして今回お話を聞いて思うのは、自分がいまさら確認してもしょうがないんですけど、やっぱり介護をするとか、人を支えるというのは、してあげるのではなくて、こちらが与えていただくもので、だから、自分は自分のためにやっているんだろうな、と。

## 私が生きているのは、何のため？

**高橋**：本当にそうです。だから、最初はお金のためと、自分もそうでしたけれど、そう思って働いていても、その理解に至った人は長くやるし、そうじゃない人は続けるのが難しい、のかもしれません。

極論で言うと、介護も会社員も、働くということで言えば全部一緒。サラリーマンだろうが、歌手だろうが一緒ですよ、「自分は何のために生きているんだ？」という問いに対してどう対処しているかだけですから。形が違うだけですから。

**川内**：そうですね。そこを考え、自分なりの答えに至るために、実は介護はものすごく役に立つと思います。「親孝行」という概念に縛られずに、自分のためだと思ってやれたらいいです

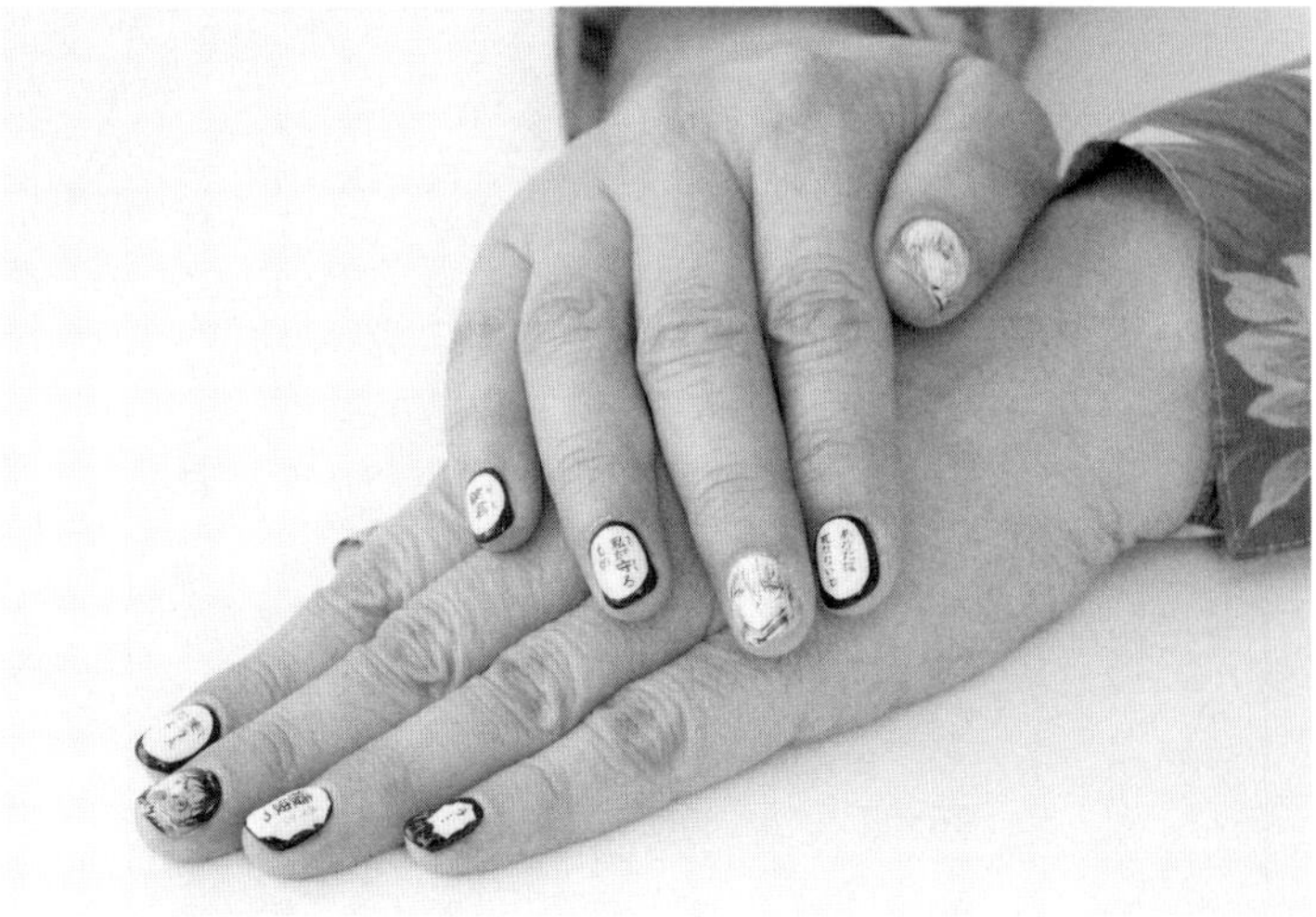

対談当日の高橋さんのネイル。エヴァンゲリオンの名ぜりふとキャラクターの顔が！

よね。高橋さんから勇気をもらった気分です。

――「この二人、何でこんなにかみ合うの」という感じですごかったです。では、ツーショットの撮影に移らせていただきますね。

**カメラマンO氏：**あ、高橋さん、ネイルを撮らせていただいてもいいですか？

**高橋：**もちろん、もちろん。

――あっ、すごい。もしかして指ごとに全部画が違うんですか。

**高橋：**そう、これ、手描きなんですよ。ネイリストさんが友達で、毎回全部手描きで。

**川内：**すごい。

**高橋：**すごいですよね。介護も、ネイリストも、自分がやっていることを「たかだかこういうことだ」と思うのか、プライドを持ってとことん追求するのかで、全然人生が違ってきそうですよね。指先を見るたびに、そう思います。

高橋さんのお話に猛烈に共感して、途中から司会役の編集Yさんを置いてきぼりにしてしまいました。介護職として利用者さんから受け取っているものがあるし、家族介護の中からでも受け取れるものはあるはずです。それは何か。

日々の社会生活の外側にあって普段は見えない大事なものが、介護の経験の中にはあるんです。でも、それに気付くのは難しいのかもしれません。「それを見よう、受け取ろう」と考えるには、気持ちの余裕が必要です。親を直接介護すると、何かを受け取るどころか「早く介護を片付けて、社会生活に戻らなくちゃ」と思ってしまいます。「やってあげるんじゃない。受け取るんだ」という気持ちを持ち続けるには、自分の親の介護を自分でしながらでは、どんな人でも無理です。

公的支援を入れて、精神的、肉体的な余裕を取り戻したら、今度はゆっくり、老いた親を改めて見つめ、接してみてください。「社会的な価値観では取るに足らないことだけれど、親はこういうことを大事だと感じているんだな。いや、自分がこれを取るに足らないと考えるのはなぜなんだ」。そんなことを考える機会になるのが介護です。

# おわりに　～いつか「あなたのせいではない」と伝わりますように

「ごめんなさい、ごめんなさい……」

お母様を懸命に介護する息子さんが、何度も何度も謝っていました。

聞けば、昨晩は夜中に何度も起こされ、トイレ介助をしたにも関わらず、今朝はシーツまでぐっしょり濡れてしまうほどの失禁があって、つい手荒にシーツ交換をしたところ、お母様がベッド柵に頭をぶつけて、たんこぶを作ってしまったそうです。

当時、私は26歳の介護職員で、「訪問入浴」という介護保険で使えるサービスを担当していました。

訪問入浴は、風呂おけを自宅に持ち込んで、寝たきりの方が寝たままお風呂に入っていただけるサービスです。息子さんは昼夜を問わず、お母様の介護を頑張っていました。おそらく、仕事は辞めてしまっていたのでしょう。2階の、陽光が燦々《さんさん》と入るリビングの真ん中に、電動ベッドが置かれていて、そこにお母様が寝てらっしゃいました。

お母様は目ヤニもなく、とてもキレイにケアされていました。部屋はいつも片付いていて、息子さんが懸命に介護に取り組んでいる様子が伺えました。

「あの親孝行な息子さんが？　とても信じられない」

当時はそんな気持ちでした。

しかし、介護の仕事を続けていくうちに、息子さんは親孝行のために必死に頑張ったからこそ、手荒になってしまったのだということが分かりました。今なら息子さんに「こちらこそ、あなたのつらさに気付けなくてごめんなさい。もっとお声掛けできなくてごめんなさい」と言って差し上げたい。そう思います。

訪問入浴は、1日に6〜7軒のご自宅に訪問します。

その折りにしばしば、不自然なアザを見つけたりしていました。時には、私の目の前で親を怒鳴ったり、叩いたりしてしまうご家族もいらっしゃいました。その行為に驚き、見るに見かねて割って入ったこともたびたびです。

しかし、その場で止められたとしても、それは一時のことです。つらい場面を目の当たりにするたびに「ああ、また間に合わなかったじゃないか。自分は何もできないじゃないか」と、無力感でいっぱいになりました。

「お母さんのために！」と、相手を大切な家族と思えば思うほど、親を嫌いになる状況に追い込まれてしまう。これは悲しすぎる。もっと早く、もっと手前で、介護との向き合い方を伝えなければ、家族による高齢者虐待は繰り返されてしまう。

そう考えて、こちらから企業に出かけて、まだ介護が始まっていない人も含めて、介護セミナーや個別の介護相談をする今の仕事にたどり着きました。相談を繰り返していくと「ふぅ、今度は何とか間に合ったぞ！」と安堵するケースが増えてきました。

ただ、社会全体に目をやると、状況はすこしも変わっていません。

苦労して家族介護をしたことが「美談」として広く発信され、親孝行をと考えての家族介護の末に悲しい結末を迎えた事件が繰り返されていました。「やっぱり自分は何もできていない」。再び無力感でいっぱいになりつつあったところで、縁あって日経BPの編集Yさんと出会い、日経ビジネス電子版での連載を重ねていく中で、出版のご提案をいただきました。

何度も議論を重ねる中で浮かんだタイトルが『親不孝介護』でした。

一応、ミッション系の学校で福祉を学んだ自分が『親不孝介護』なんていう、辛辣なタイトルの書籍を発刊していいのだろうか？　と、心の中で後ずさりしたのを覚えています。

「家族は親の介護に距離を取ったほうがうまくいきます」とセミナーで伝えるだけで、「あなたには人間の血が通っているのか！」「親を大切に想う気持ちを否定するのか！」「どんな親でも、他人より家族の介護を望んでいる！」「苦労してこそ介護であることをなぜ理解できないのか！」などとセミナーのアンケートで書かれることもあり、誰かから批判されるのが、正直怖かった気持ちもあると思います。でも、他の「介護のハウツー」を伝える書籍に埋もれてしまっては、出版する意味がないとも考えました。

書籍の刊行後、こうして様々な方と対談する機会を得て「親不幸介護」について議論をしたところ、自分で思っていた以上に共感していただきました。

「介護はこういうもの！」という思考停止を「親不孝介護」という言葉で再起動し、そこに皆さんの知見が重なっていくと、議論がこんなにも深く発展していくのか、と、驚きの連続でした。そして「ああ、やっぱりこの考え方は間違っていない」と確信できて、私の気持ちをかなり軽くしていただきました。あんなに不安な気持ちで出したのに、多くの方の協力があって、『親不孝介護』は版を重ね、そしてこうして続刊を出させていただくことができて、本当にびっくりしています。

最近の企業での出張介護相談で繰り返し話をしていることがあります。

「私は介護職として、かなりの無力感を抱えてきました。でも、今日あなたにこの話ができて、過去の無力感が解消できているのです。介護相談を利用してくださって、本当にありがとうございました」

皆さん一人ひとりが「わたしたちの親不孝介護」として当事者意識を持ってくださったら、あなたにしかできない親孝行にたどり着けるのではないでしょうか。誰もが無理なく親孝行ができる社会を、次の世代に引き継ぐために、皆さんでその一歩を踏み出していきましょう。そしてその歩みが、あのとき謝っていた息子さんに、いつかどこかで伝わりますように。

2023年11月　川内　潤（ＮＰＯ法人となりのかいご代表）

**川内 潤**（かわうち・じゅん）

NPO法人「となりのかいご」代表
1980年生まれ。老人ホーム紹介事業、外資系コンサル会社、在宅・施設介護職員を経て、2008年に市民団体「となりのかいご」設立。2014年に「となりのかいご」をNPO法人化、代表理事に就任。ミッションは「家族を大切に思い一生懸命介護するからこそ虐待してしまうプロセスを断ち切る」こと。誰もが自然に家族の介護に向かうことができる社会の実現を目指し、日々奮闘中。著書に『親不孝介護　距離を取るからうまくいく』（日経BP）、『もし明日、親が倒れても仕事を辞めずにすむ方法』（ポプラ社）。

---

# わたしたちの親不孝介護
## 「親孝行の呪い」から自由になろう

2023年 11月27日　第1版第1刷発行

| | |
|---|---|
| 著　者 | 川内 潤（NPO法人となりのかいご代表）<br>日経ビジネス編集部 |
| 発行者 | 北方 雅人 |
| 発　行 | 株式会社日経BP |
| 発　売 | 株式会社日経BPマーケティング<br>〒105-8308　東京都港区虎ノ門4-3-12 |
| 装 幀・本文デザイン・DTP | 中川 英祐（トリプルライン） |
| 作　図 | 岡田 木華（エステム） |
| 校　正 | 株式会社聚珍社 |
| 印刷・製本 | 図書印刷株式会社 |
| 構成・編集協力 | 岡崎 杏里 |
| 編　集 | 山中 浩之 |

---


本書籍に関するお問い合わせ、ご連絡は下記にて承ります。
https://nkbp.jp/booksQA

ISBN 978-4-296-20348-2 Printed in Japan